Geheimnisvolles Nepal

Pitt Koch
Henning Stegmüller

Geheimnisvolles Nepal

Buddhistische und hinduistische Feste

List Verlag

Umschlagentwurf: Design-Team, München

ISBN 3-471-77960-4

Reproduktion: Fotolitho Longo, Bozen
Druck: Drexler-Druck, Bäumenheim
Bindearbeit: R. Oldenbourg, München

Inhalt

Für
Muni und Bettina;
Renée, Philipp und Noémi

Vorbemerkung

Nepal und seine Menschen wirken bereits an ganz normalen Tagen traumhaft. An Festtagen wird man in dieser lebendigen mittelalterlichen Hochkultur von einer derart berauschenden Atmosphäre gefangengenommen, daß man sich verwandelt glaubt, mit allen Sinnen eine andere Welt erlebt, Zeit, Hunger und Müdigkeit vergißt.
Die ruhelose Menge, die aufpeitschenden, monotonen Rhythmen der dröhnenden Becken, die zu den Opfersteinen drängenden Menschenmassen, das ständige Läuten der Tempelglocken, die jeder schlägt, um die Götter auf sich aufmerksam zu machen: »Hier bin ich, bitte nehmt mich wahr«, die Gebete, die Gesänge, die gierigen Hände, die den Gott zu berühren suchen, die brennenden Dochte auf unzähligen Opferschalen, das nächtliche Lichtermeer an den heiligen Steinen, diese blitzschnellen Bewegungen der opfernden Hände, die fliegenden Reiskörner und der Duft der Blumen in tiefschwarzem Haar, all das wirkt wie eine Droge, berauscht den Betrachter.
Wir haben lange überlegt, ob wir über die religiösen Feste in Nepal berichten dürfen. Mit Sicherheit gibt es keinen besseren Weg, die Menschen dieses anziehenden Landes kennenzulernen.
Wir sind Zeugen einer untergehenden Kultur geworden. Beschleunigen wir diesen Zerfall, wenn wir die Geheimnisse dieser Kultur aufdekken und sichtbar machen? Oder müssen wir, die wir noch Zeugen sein durften, nicht versuchen zu dokumentieren, was dem Untergang geweiht ist?
Während zahlreicher, oft monatelanger Aufenthalte in Nepal haben wir das Land und seine Menschen kennen-, verstehen und liebengelernt. Wir haben in den Häusern von Angehörigen der mittleren und hohen Kasten gewohnt, haben mit ihnen gegessen und getrunken, sind in ihren Krankenhäusern gelegen, wurden vom königlichen Leibarzt kuriert.
Wir sind Astrologen und Priestern begegnet, Hindus und Buddhisten, und den Menschen, die die Feste ausrichten, von denen wir in diesem Buch berichten. Wir wurden von den acht lebenden Göttinnen empfangen und durften mit ihnen Pujas*, heilige Opferhandlungen, zelebrieren. Wir haben die Häuser der Unreinen, die ebenfalls Aufgaben im Ablauf der Feste zu erfüllen haben, besucht und durften bei Familien hoher Kasten bei der Zubereitung der Speisen zusehen. Wir haben viele Nächte mit den Musikern in den Tempeln zugebracht, ihrem Spiel, ihren Liedern, ihren Gebeten gelauscht. Wir haben die Nava Durga kennengelernt, neun Götter, die die Stadt Bhaktapur von innen beschützen, und haben miterlebt, wie aus ihnen Menschen und dann wieder Götter wurden. Sie haben uns in ihrer Mitte geduldet und ließen uns bei ihren geheimen Ritualen und Blutopfern zusehen. Wir haben die Frauen bei ihren täglichen Opfergängen durch die Stadt begleitet, haben ihren nächtlichen Reinigungszeremonien und Totenfeiern beigewohnt. Wir standen im Blut unzähliger Schlachtopfer.
Unsere Helfer flohen nachts mit unseren Lampen vor den aufgebrachten Göttern und ließen uns im Dunkeln zurück. Wir waren in den Hütten der Färber, in Klöstern und Palästen. Wir saßen bei den Sterbehäusern am Fluß und nahmen die tröstenden Gesänge, die den Sterbenden ihren Tod erleichtern, in uns auf. Wir ließen uns wahrsagen und spielten auf der Straße mit den Nepali ihre Glücksspiele.
Wir waren bei den Ölpressern zu Hause. Wir waren Zeugen von Kinderhochzeiten. Wir haben mit der königlichen Garde im heiligen Wald von Nala genächtigt und wohnten den Zeremonien des Lingamfällens bei. Wir waren Zeugen, als die Achse des Tempelwagens brach, als der Gott vom Wagen stürzte, und erlebten die ganze Stadt in tiefer Betroffenheit.
Die Nepali beteten und opferten für uns, weil wir von einer Schlange bedroht waren. Sie drückten uns aus Freude über den Sieg der Göttin Durga über das Böse das Tikazeichen auf die Stirne. Sie überschütteten uns mit roter Farbe und duldeten uns zwischen ihren Göttern. Sie nahmen uns mit zu ihren nächtlichen Opferstätten. Wir waren mitten unter ihnen, wenn sie in Trance, in Ekstase fielen, wenn sie berauscht waren.
Wir haben mit ihnen ihre Feste gefeiert, tage- und nächte-, wochenlang. Wir haben mit ihnen, unter ihnen gelebt und nie einen Fremden gesehen.

Auf die Frage, wie viele Feste in ganz Nepal gefeiert werden, wird immer wieder die Zahl 1000 genannt. Diese runde Summe mutet astronomisch an, ist aber sicher nicht so abwegig, wenn man bedenkt, daß allein der Stamm der Newar, der eigentlichen Kulturträger des Kathmandutales, im Jahr 241 Festtage begeht. Außer den Newar gibt

* Alle buddhistischen, hinduistischen und allgemein nepalischen Begriffe werden im Glossar S. 185 ff. erklärt.

es noch die Thamang, Gurung, Magar, Tharu, Rai und Limbu – alles Volksstämme, die der tibetobirmanischen Sprachfamilie angehören. Aus Tibet eingewandert sind die Thakali, Bhote und Sherpa. Brahmanen und Chetri, Kshatriya und Inder zählen zur indoarischen Gruppe. Damit sind allerdings nur die wichtigsten Rassen und Volksstämme, die in Nepal ansässig sind, genannt.

Viele der Feste werden im ganzen Land gefeiert. Manche sind reine Stadtfeste, die nur in Kathmandu, Patan, Bhaktapur, Thimi, Kirtipur oder Bungamati gefeiert werden. Die Städte in der Tiefebene haben ihre eigenen Feste, die ganz von Indien beeinflußt sind. Es gibt Feste, die in bestimmten Provinzen abgehalten werden, Feste eines bestimmten Stadtteils, einer bestimmten Kaste oder auch nur einer Berufsgruppe. Dazu kommen dann noch eine ganze Reihe von Familienfesten, die bei den genannten tausend Festen im Jahr natürlich nicht mitgezählt wurden.

Die meisten der großen Feste fallen in die Zeit vor und nach dem Monsun. In den Regenmonaten Juni bis September wird wenig gefeiert. Die feucht-heiße Witterung lädt nicht zum Feiern ein. Vor der Monsunzeit wurden die Götter um reichlich Regen angefleht, gedankt wird nach der Ernte. Von dieser Regenzeit ist das Land abhängig. Der Reis ist gepflanzt und überzieht das Tal und die es umschließenden Hügelketten bis in eine Höhe von mehr als 2000 Metern mit einem zarten, grünen Schleier. Machhendranat, in Kathmandu als weißer, in Patan und Bungamati als roter Gott verehrt, ist jetzt die wichtigste Persönlichkeit unter den vielen Göttern. Er ist der Gott der Fruchtbarkeit, des Regens und der Ernte. Von ihm wird es abhängen, wie die jungen Reispflanzen sich entfalten können.

Das große Fest des bedeutenderen, des roten Machhendranat beginnt meist kurz vor der Regenzeit. Es ist das einzige Fest im Lande, dessen Ende nicht vorausgesagt werden kann. Gewöhnlich zieht es sich über Monate hin. Mit außergewöhnlichen Erscheinungen, mit Unglücksfällen, mit bösen Vorzeichen oder irgendwelchen unvorhergesehenen Begebenheiten haben Priester und Astrologen alle Hände voll zu tun. Die Gunst des Regengottes muß erhalten bleiben.

Während der Erntetage selbst werden keine Feste gefeiert. Unmittelbar davor aber das Durga Puja, Erntedank- und zugleich Freudenfest über die Vertreibung der Dämonen, die in der unwirtlichen Zeit des Monsun die Herrschaft im Kathmandutal an sich gerissen hatten.

Folgende Feste werden in diesem Buch dargestellt:

Netha Madhu Ajima
ein tantrisches Blutopferfest für die Große Muttergöttin, ein Stadtteilfest, an dem alle Bewohner, Hindus und Buddhisten, teilnehmen.

Pahachare
ein dreitägiges Stadtteil- und Familienfest im Stadtteil Nar Devi in Kathmandu.

Bisket Jatra
als Beispiel für eines der großen Wagenfeste im Tal. Ein reines Stadtfest (Bhaktapur), an dem die gesamte Bevölkerung, Hindus wie Buddhisten, beteiligt ist.

Bal Kumari
ein reines Dorffest der Newar (Thimi). Ein Fest für die 32 Götter, die hier beheimatet sind. Gleichermaßen ein Neujahrs- und Frühlingsfest. Wird von Buddhisten und Hindus gefeiert.

Teej
das große Frauenfest. Wird nur von Hindus gefeiert.

Kumari
ausgehend vom Indra oder Kumari Jatra, dem bedeutendsten Wagenfest in Kathmandu – in erster Linie von Buddhisten gefeiert –, wird hier der Kult der lebenden Göttinnen, die auch heute noch eine entscheidende Rolle spielen, behandelt.

Durga Puja
das wichtigste Fest im ganzen Land. Erntedankfest und Feier des Sieges der Göttin Durga über das Böse. Für Buddhisten und Hindus.
Gleichzeitig ein großes Familienfest (Tikatag nur für Hindus)

Mani Rimdu
ein rein lamaistisches Klosterfest am Fuß der höchsten Berge der Welt. Beschwörung der bösen Mächte und Vertreibung der Dämonen. Das große Fest der Sherpa. Findet im November im Kloster Tengpoche, im Mai im Kloster Thame statt. Beide Klöster liegen in der Region Solu-Khumbu, dem Hauptsiedlungsgebiet der Sherpa.

Bala Chaturdasi
das wichtigste Totenfest im Tal. Zugleich eines der großen Feste im heiligen Tempelbezirk von Pashupatinath. Aus weiten Teilen des Landes strömen hier Menschen der unterschiedlichsten Stämme zusammen. Wird nur von Hindus gefeiert.

Einführung

Die Unbestimmbarkeit des einen wie des anderen, die Unberechenbarkeit unserer Existenz macht das Leben aus. Es stellt sich für viele Menschen die Frage, an was sie eigentlich noch glauben sollen. Der Mensch hat sich immer mit der Frage nach dem Glauben, nach dem Sinn und Warum seiner Existenz beschäftigt. Philosophen haben nach den Prinzipien der Wahrheit geforscht. Über Glaubensfragen wurden Kriege geführt, wurde zerstört und wieder aufgebaut. Religiöses Leben, der Glaube an irgend etwas, das außerhalb unserer begrenzten Existenz liegt, bedeutet für viele Menschen die Perspektive, die das Leben bestimmt. Gleichzeitig mit der überwältigenden technischen Revolution vollzog sich in unserer Hemisphäre ein Verfall der alten Werte. In den letzten Jahrzehnten entstand eine Welt mit überdimensionalen Kommunikationsmitteln und -möglichkeiten. In den Industrienationen wurden über Jahrhunderte tradierte Werte mehr und mehr durch den Fortschrittsglauben und das damit verbundene materielle Streben aufgeweicht. Das Interesse vieler Menschen an den noch lebendigen alten Kulturen dieser Erde ist eine verständliche Folge.

Wer aus einer westlichen (oder auch osteuropäischen) Industrienation auf den indischen Kontinent bzw. nach Nepal reist, sollte bedenken, daß nur eine sehr kleine Anzahl von Nepali mit der Kultur und den Lebensgewohnheiten der westlichen Zivilisation vertraut ist. Nepal ist kein modernes, es ist aber vor allem kein säkularisiertes Land. Während in den industrialisierten Ländern diese Säkularisierung fortschreitet, d. h., die Ausübung von Religion nur noch eine untergeordnete Rolle spielt oder ganz aus dem öffentlichen Leben verbannt ist, wird in vielen Ländern der »Dritten Welt« das öffentliche wie das private Leben auch heute noch entscheidend von religiösen Traditionen bestimmt.

Dieses Buch versteht sich als ein Beitrag zur Verständigung mit einem kleinen Land, dessen Kultur in krassem Gegensatz zu der unseren steht. 1977 erhielt Pitt Koch vom Deutschen Fernsehen den Auftrag, vier Dokumentarfilme über religiöse Feste in Nepal zu drehen. Ein Teil der Fotos entstand während unserer gemeinsamen Arbeit an den Filmen, ein anderer Teil während privater Reisen, die Pitt Koch vor 1977 unternahm. 1981 reisten wir noch einmal gemeinsam nach Nepal, um ausschließlich für dieses Buch zu fotografieren. Wir mußten geduldig um das Vertrauen der Betroffenen werben, bis sie unsere Arbeit tolerierten und schließlich sogar unterstützten. Es waren also Jahre der Vorbereitung, der Auseinandersetzung mit diesem Land und seinen Menschen nötig, bis dieses Buch über die religiösen Feste in Nepal entstehen konnte.

So, wie es keine wirklich objektive Berichterstattung gibt, ist auch jede Fotodokumentation geprägt vom jeweiligen Blickwinkel des Dokumentaristen. Seine Augen, sein Verstand, seine Gefühle sind die Filter, über die er vermittelt. Unser Buch über die religiösen Feste in Nepal erhebt deshalb weder den Anspruch auf Vollständigkeit noch auf Objektivität; im Gegenteil hoffen wir, dem Betrachter etwas von jener Faszination und Betroffenheit vermitteln zu können, die uns jedesmal erfaßte, wenn wir in Nepal religiösen Festen beiwohnten – einem Szenarium voller menschlicher Urmythen.

Wir wollen mit unseren Fotos dem Betrachter einen Einblick in das religiöse Leben Nepals vermitteln, in einen religiösen Alltag, der fortwährend von Riten und Zeremonien begleitet wird. Die Religion (oder der Glaube) ist das Zentrum allen Lebens im Königreich Nepal. Dieses Buch kann deshalb kein Reiseführer für Nepalreisende sein, die das Land nur für drei Tage besuchen. Niemand wird in solch kurzer Zeit Gelegenheit haben Szenen zu sehen, wie wir sie erlebt haben. Nur wer Zeit und Geduld aufbringt, hat die Chance, die Feste wirklich mitzuerleben. Mit einem detaillierten Kalender möchten wir darauf hinweisen, wann und wo die von uns fotografierten Feste stattfinden. Dieser Kalender enthält aber möglicherweise kleine Fehlerquellen, die aus der komplizierten Zeitrechnung des Landes resultieren und unvermeidlich sind. In Nepal gibt es vier verschiedene Zeitrechnungen: unseren westlichen Kalender, den offiziellen nepalischen Kalender, der heute das Jahr 2040 schreibt, den Kalender der newarischen Volksgruppe und den der Sherpa, die in den Hochtälern des Himalaya leben. Man kann eigentlich immer nur den etwaigen Zeitraum für ein Fest in Erfahrung bringen, ein genaues Datum gibt es nur für wenige Feste. Meistens werden der genaue Tag und die günstigste Stunde Jahr für Jahr von Priestern und Astrologen neu bestimmt. Wir waren während unserer Arbeit immer auf die Hilfe von Nepali und Europäern, die bereits längere Zeit im Lande lebten, angewiesen. Wegen der komplizierten geographi-

schen Struktur des Landes wollten wir uns auf einen für Nepal repräsentativen Teil des Landes konzentrieren. Verkehrstechnisch ist das Land wenig erschlossen. Es gibt lediglich ein kleines Netz asphaltierter Straßen, viele Orte sind nur zu Fuß oder mit kleinen Flugzeugen zu erreichen. So beschränkten wir unsere Planung für die Film- und Fotoarbeit auf das Zentrum des Landes, auf das Kathmandutal. Eine Ausnahme war das größte Fest der Sherpa, das Mani Rimdu. Dieses Fest der lamaistisch-buddhistischen Volksgruppe findet alljährlich in der Region Solu-Khumbu zu Füßen des Mount Everest statt.
Das Kathmandutal ist das Herz Nepals. Alle sozialen, ökonomischen, kulturellen und religiösen Strömungen des Landes sind hier vertreten. Bis zum Jahre 1950/51 war es nur wenigen Ausländern gelungen, die Hauptstadt Kathmandu zu besuchen. Eine Reise in das Landesinnere war bis zu dieser Zeit fast unmöglich. So gab es z. B. Anfang der fünfziger Jahre nur wenige Automobile im Kathmandutal. Sie waren im Besitz der Königsfamilie und mußten über die Berge ins Tal getragen werden. Durch die lange Abgeschlossenheit des Landes ist vieles in Nepal erhalten geblieben, was von hoher kultureller Vergangenheit zeugt.
Die Geschichte Nepals ist geprägt durch die Herrschaft mehrerer Dynastien. Für die kulturelle Entwicklung waren wohl die Mallakönige, die zwischen 1200 und 1768 n. Chr. regierten, am bedeutendsten. In diese Zeit fällt auch die Gründung der drei Königreiche Kathmandu, Bhaktapur und Patan: Nach dem Tod des Mallakönigs, Yaksha Malla, 1482, zerfiel das bis dahin einheitliche Reich. Seine drei Söhne teilten das Erbe untereinander auf. Zu dieser Zeit war das Kathmandutal bereits zum Zentrum des Handels zwischen Indien und Tibet geworden. Allen politischen, sozialen und kulturellen Strömungen der bedeutenden Nachbarn ausgesetzt, entwickelte sich unter den drei Königsstädten ein reger Wettstreit, der zu einer kulturellen Blütezeit im Tal führte. Die heute noch zu bewundernden religiösen und profanen Bauwerke des Kathmandutals sind die Zeugen dieser Zeit. Auch das religiöse Leben dieser Epoche wurde stark von der Konkurrenz der drei Königsstädte beeinflußt. Viele der religiösen Feste, die die Nepali heute noch feiern, sind in der Epoche der Mallakönige entstanden.
Der Dynastie der Mallakönige folgte 1768 die Shahdynastie. Gurkhakrieger eroberten unter ihrem König Prithvi Narayan Shah (1742–1775) das Kathmandutal und vereinten das Land wieder zu einem Reich. Zu einer kulturellen Weiterentwicklung kam es nach diesem Wechsel nicht mehr. Es folgten Jahrzehnte des Machtkampfes, der eine zunehmende Abhängigkeit des Landes von Indien und China zur Folge hatte. Als Jang Bahadur Kunwar (später Rana) vom Geschlecht der bürgerlichen Rana 1846 gewaltsam die Herrschaft an sich riß, kam es zu einer endgültigen Isolierung des Landes. Die Anlehnung Jang Bahadur Ranas (1846–1877) an die britische Kolonialmacht ermöglichte es den Ranas, das Land systematisch auszubeuten. Die Mitglieder der Shahdynastie wurden über hundert Jahre lang verfolgt und gefangengehalten. Erst durch die Hilfe des unabhängig gewordenen Indiens gelang es König Tribhuvan 1950, die Ranadynastie zu stürzen. Unter seiner Herrschaft (1951–1955) öffnete sich Nepal wieder und wurde unter starker politischer Anlehnung an Indien zu einer konstitutionellen Monarchie nach britischem Vorbild. König Tribhuvan folgte auf dem Thron sein Sohn Mahendra (1955–1972), der die nepalische Neutralitätspolitik begründete. Seit 1974 wird Nepal von König Birendra Bir Bikram Shah Deva, nicht ohne Widerspruch oppositioneller Kräfte, nach dem Panchayat-System regiert.
Dieses System hat seine historischen Wurzeln in der friedlichen Koexistenz von Buddhismus und Hinduismus, in dem Streben nach zwischenmenschlicher Friedfertigkeit; die dörfliche Selbstverwaltung, die handwerkliche und bäuerliche Existenz sind die Basis der kulturellen Blüte. Panchayat-Selbstverwaltung ist eine Aufteilung in dörfliche und städtische Panchayate, deren Mitglieder eine bestimmte Anzahl von Einwohnern im Distrikt-Panchayat vertreten. Das bedeutendste Panchayat ist das National-Panchayat, eine Art Nationalversammlung. Die Mitglieder dieses Hauses werden teils gewählt und teils vom König bestimmt. Die Richtlinien werden dadurch eindeutig vom König festgelegt, und das Volk wird, wie vor Jahrhunderten, an der Verwaltung seiner Angelegenheit (lediglich) beteiligt.
Die topographische und klimatische Gliederung Nepals – vom tropischen Dschungel des Terai im Süden über die auch durch den Monsunregen so fruchtbare und klimatisch angenehme Tiefebene des Kathmandutals bis hinauf in die bizarre Gletscherwelt des Himalaya – erklärt die enorme Viel-

schichtigkeit des Landes. Die vielen verschiedenen Volksstämme mit unterschiedlichen sozialen und kulturellen Entwicklungen, mit eigenen Traditionen, gliedern sich in zwei größere Gruppen: die tibetobirmanischen und die indoarischen Stämme. Zur tibetobirmanischen Gruppe gehören u. a. die Newar und die Thamang, die man zur Urbevölkerung des Landes zählen darf. In den Tälern des Himalaya leben die erst im Mittelalter eingewanderten Bhote und Sherpa. Auch die Besiedlung des Landes durch indoarische Gruppen vollzog sich erst in der jüngeren Geschichte des Landes. Es handelte sich zumeist um Angehörige der Kaste der Brahmanen und der Kshatrya, die im 12./13. Jahrhundert, nach der Eroberung Indiens durch die Moslems, in Nepal Zuflucht gesucht haben. Auf die Bedeutung der Brahmanen, Newar und Sherpa wird weiter unten noch eingegangen. Die Kompliziertheit der Kommunikation innerhalb dieses geographisch so extremen Landes hat dazu geführt, daß es bis heute keine exakte Geschichtsschreibung in unserem Sinne gibt. Im Kathmandutal läßt sich die Entwicklung noch am genauesten nachvollziehen, da dem Tal große Bedeutung im Handel zwischen Indien und Tibet zukam. Weltoffenheit und materieller Wohlstand prägten deshalb auch die Geschichte des Tals. Die Newar sind für das Kathmandutal besonders zu erwähnen, da sie auch heute noch die größte Gruppe der Bevölkerung des Tales stellen. Das Zentrum newarischen Lebens ist heute die Stadt Bhaktapur. Die Newar, geschäftstüchtige Kaufleute, fleißige Bauern und Handwerker von außergewöhnlicher Kunstfertigkeit, waren und sind die Träger der nepalischen Kultur. Durch ihre Hände sind die vielen wunderschönen Pagodentempel entstanden, ebenso die filigranen Holzschnitzereien an diesen Tempeln und an den Wohnhäusern. Über die Newar als Städtebauer und Schöpfer einer hochentwickelten Wohnkultur gibt es bereits wissenschaftliche Arbeiten. Meisterliche Handwerkskunst findet man aber auch bei den Goldschmieden und Bronzegießern.

In der uns bekannten Geschichtsschreibung Nepals – sie reicht bis in das 4. Jahrhundert v. Chr. zurück – fällt als herausragendes Element auf, daß es trotz der vielen Machtkämpfe und trotz der gewaltsamen dynastischen Wechsel eine weitgehend klare religionsgeschichtliche Linie gibt. Diese Linie wird durch Buddhismus und Hinduismus gleichermaßen geprägt. Als besondere Form findet sich in Nepal neben diesen beiden Religionen der Tantrismus, der eng mit Buddhismus und Hinduismus verflochten ist.

Der Hinduismus ist eine Volksreligion und hat seinen Ursprung etwa 1000 v. Chr. Damals wanderten arische Stämme in die Täler des Indus und Ganges ein und unterwarfen die Urbevölkerung. Diese Eroberung Indiens vollzog sich nicht von heute auf morgen, sondern in vielen Jahrhunderten. Es kam im Verlauf dieser langen Zeit zu einer allmählichen Verschmelzung der arischen Mythologie und Geisteswelt mit der der Einheimischen, und so entstanden die Indoarier.

Die Quellen des frühen Hinduismus sind die VEDEN, eines der ersten literarischen Werke der Menschheit überhaupt. Die Veden sind in vier verschiedene Veda zu unterteilen:

Rigveda

Der Veda der Verse, das Wissen von den Lobeshymnen.

Samaveda

Der Veda der Lieder, das Wissen von den Gesängen.

Yadshurveda

Der Veda der Opfersprüche, das Wissen von den Opferformeln.

Atharvaveda

Der Veda des Atharvan, das Wissen von den magischen Formeln.

Diese Veden sind Handbücher der alten indischen Priester – der Brahmanen –, in denen sie die für die religiösen Opferhandlungen nötigen Hymnen, Sprüche und Formeln aufbewahrten. Charakteristisch für die religiösen Vorstellungen der Hindu ist, daß es keinen Unterschied zwischen Geistigem und Stofflichem, Belebtem und Unbelebtem gibt. Als Götter wurden die Elemente der Natur verehrt: Himmel und Erde, Feuer und Licht, Wind, Wasser und Berge. Diese Elemente werden in Personen gedacht, die wie Menschen sind und nach derselben Art leben, sprechen und Schicksale erleiden. In den Veden finden sich Lobpreisungen z. B. über Agni, den Feuergott, Indra, den Machthaber über Donner und Blitz, Vishnu, den Sonnengott, sowie Gebete an diese und andere Götter für gute Ernten und ein langes Leben etc. Dieser Götterhimmel hat sich über die Jahrhunderte in der Vorstellungskraft der Menschen immer weiter ausgedehnt.

Die für das heutige Nepal bedeutsamsten Götter sind: Brahman der Schöpfer, Vishnu der Erhalter und Shiva der Zerstörer. Nach dem Karma (Schicksal) hat jede Aktion eine Reaktion zur Folge, daher gibt es kein Plus ohne Minus, nichts Männliches ohne Weibliches. So sind diesen drei Göttern drei Göttinnen zur Seite gestellt: Sarasvati, Lakshmi und Parvati. Sie stellen unter anderem die weiblichen Symbole für Schöpfung, Erhaltung und Vergehen dar. Aus der unendlichen Reihe der Götter seien hier noch einige wichtige genannt: Garuda, er steht an der Seite Vishnus und ist halb Mensch, halb Tier; Pashupathi, der Herr der Tiere; Bhairab, der schreckliche und furchterregende Zerstörer, und Hanuman, der Affengott, sind Inkarnationen Shivas. Shivas Gefährtin Parvati wird auch als blutlechzende, schreckliche Göttin Kali dargestellt. Im Stadium der Jungfräulichkeit ist sie Kumari (der Kumarikult wird in einem eigenen Kapitel ausführlich behandelt). Zu erwähnen ist auch noch Shivas Sohn Ganesh mit seinem Elefantenkopf, der als Gott der Weisheit gilt. Diese Beschreibung des Götterhimmels zeigt, daß der Hinduismus seinen Gläubigen eine göttliche Welt gegenüberstellt, die genauso kompliziert ist wie die menschliche. Jeder Bereich des täglichen Lebens ist abgedeckt und muß beachtet werden.

Die Zeit, in der die Indoarier ihr Herrschaftsgebiet immer weiter zum Gangesdelta hin ausdehnten und sich als Herrenschicht über die andersrassige Bevölkerung stellten, ist für den Hinduismus von großer Bedeutung. Die Brahmanenpriester gewannen zusehends an Einfluß und festigten ihre Geisteswelt auch durch die Einführung des Kastensystems. Ursprünglich gab es vier Kasten: die Brahmanen – den Priesterstand, die Kshatrya – den Kriegeradel, die Waisha – den Stand der Bauern, Viehzüchter, Handwerker und Kaufleute, und die Shudra – die unterworfenen Einheimischen, die den anderen Kasten dienen mußten. Heute gibt es zu jeder dieser Kasten viele Unterkasten, insgesamt etwa dreitausend. Auf der untersten Stufe stehen die Paria oder Asprishya, die Unberührbaren, die unreine und verächtliche Berufe ausüben: Straßenkehrer, Leichenträger etc. Aus diesen Paria setzen sich heute die 40 Millionen sogenannten Unberührbaren Indiens zusammen – eines der schwierigsten sozialen Probleme dieses Landes. In Nepal ist das Kastenwesen seit 1963 reformiert. Damals wurde ein Gesetz erlassen, das jede Diskriminierung verbietet. Man wollte auf diesem Weg das Kastensystem schrittweise abschaffen. Bezeichnend für das Traditionsbewußtsein und die Religiosität der Nepali ist, daß es dennoch unverändert praktiziert wird. Trotzdem bedeutet das gesetzliche Verbot für viele Nepali einen sozialen Fortschritt, denn wenngleich sie an ihrer Kastenzugehörigkeit festhalten, dürfen sie deshalb nicht mehr benachteiligt werden.

Die traditionellen Berufe in der nepalischen Kastenhierarchie im Kathmandutal:

1. Die Oberschicht: Ihr Anteil beträgt etwa 13%. Hierunter fallen die Priester, Goldschmiede, Astrologen und Hofverwalter.

2. Die Mittelschicht: Ihr Anteil beträgt etwa 75%. Außer der Kaste der Bauern und der der Händler, die zusammen den höchsten Anteil der Mittelschicht bilden, finden wir hier noch die Kupferschmiede, Maurer, Dachdecker, Steinmetze, Holzschnitzer, Gießer, Zuckerbäcker, Töpfer, Ölpresser, Barbiere, Sänftenträger, Schmiede, Gärtner und Bildermaler.

3. Die Unreinen: Ihr Anteil beträgt 7%. Hier finden wir die Kasten der Träger, Feldarbeiter, Leichenträger, Totenverbrenner, Färber, Musiker, Schneider, Schlachter, Trommelmacher und Gerber.

4. Die Unberührbaren: Ihr Anteil beläuft sich auf 5%. Zu ihnen werden die Wäscher, Fischer und Straßenreiniger gerechnet.

Die Berührung mit einem Angehörigen der zuletzt genannten Kasten verursacht Unreinheit, von der man sich nur mit Hilfe eines Priesters durch zahlreiche rituelle Waschungen befreien kann.

Brahman, die oberste Kaste, ist ausschließlich den Hindupriestern vorbehalten, während die zweitoberste, die Sakyakaste, diejenige der buddhistischen Priester ist. Auch die in dieser Kaste vereinigten Goldschmiede gehören dem Buddhismus an.

Die Angehörigen der übrigen Kasten können Hindu oder Buddhisten sein.

Das Kastenwesen scheidet die Angehörigen der

Seite 13: Der vermutlich im 15. Jahrhundert errichtete Stupa in Bodnath wird nur von den tibetischen Buddhisten als Heiligtum verehrt. Die buddhistischen Newar beziehen ihn in keines ihrer vielen Feste mit ein.

Seite 14/15: Blick vom heiligen Wald bei Nala über das Kathmandutal. Im Hintergrund der 6997 Meter hohe Macchapuchare bei Pokhara. In Luftlinie genau 200 Kilometer entfernt.
Unter den Nebelbänken verborgen liegen Bhaktapur und Kathmandu.

verschiedenen Kasten und Unterkasten streng voneinander. Man wird in eine Kaste geboren, ergreift den mit ihr verbundenen Beruf, heiratet und stirbt in ihr. Die Kaste zeichnet den gesamten Lebensweg vor. Dieses Kastensystem findet seine religiöse Begründung im DSHNANA MARGA, dem ›Weg zum Wissen‹. Hohe Erkenntnis und Wissen wurden zum Gesetz des Hinduismus oder auch Brahmanismus. Das Brahman wurde zur obersten Macht, dann zum Weltenprinzip und stand sogar über den Göttern. Die Menschen sind gleichberechtigt mit den Göttern in den ewigen Kreislauf des Lebens eingebunden. Sie müssen immer wiedergeboren werden, leben und sterben, um von neuem geboren zu werden: Das ist das Schicksal, das Karma, und hierauf beruht das Kastensystem. Die Menschen müssen sich also ihr Leben so gut wie möglich – im religiösen Sinn – gestalten, denn die Art der Wiedergeburt im nächsten Dasein ist von den Gedanken, Tugenden und guten Taten des vergangenen Lebens abhängig. So steht der Mensch vor einem langen Leidensweg, dessen Ziel die Erlösung ist. Diese Erlösung wird erreicht, wenn der Mensch die grundlegende Einheit der Weltenseele, des Brahman, mit der Einzelseele, dem Atman, erkannt hat. ›Das bist du‹ ist der entscheidende Lehrsatz solcher Erkenntnis. Der im heutigen Nepal praktizierte Hinduismus steht auf einer ähnlichen Stufe wie in Indien, was seinen Grund in der jahrhundertealten Abhängigkeit von dem großen, mächtigen Nachbarn hat, die bis heute unverändert anhält (z. B. befindet sich das zweitwichtigste hinduistische Heiligtum, Pashupatinath, in Nepal). Daneben steht aber die ebenfalls seit Jahrhunderten erhaltene Souveränität Nepals, wie sie sich im Buddhismus dokumentiert. Seit es ihn gibt, wird er in Nepal praktiziert. Es gab Zeiten, in denen der Hinduismus dominierte und Zeiten, wo nur der Buddhismus das geistige Leben bestimmte. Etwa seit dem 7. Jahrhundert n. Chr. werden beide Religionen in Nepal nebeneinander ausgeübt. Die Religionsgeschichte der Newar basiert auf dem Buddhismus. Die bekannteste buddhistische Volksgruppe des Landes neben den Newar sind die Sherpa, die in den Hochtälern am Fuß des Mount Everest leben.

Der Buddhismus – Religon ohne Gott – hat seinen Ursprung in einem Stifter: Buddha wurde etwa 560 v. Chr. als Sohn des Fürsten Kapilavastu im Süden des heutigen Nepal geboren. Er wuchs in Glanz und Reichtum auf und genoß die Erziehung eines Hindu. Mit neunundzwanzig Jahren wandte er sich vom reichen Elternhaus ab und wurde ein Wanderasket; er suchte den Unheilscharakter der weltlichen Existenz durch Erkenntnis zu überwinden. Nach siebenjähriger Selbstkasteiung war er immer noch ohne Ausweg aus dem Leid der Welt. Er wählte als neuen Weg zur Erkenntnis die Meditation, und sie brachte die entscheidende Wende im Leben des Asketen: Er gewann die Erleuchtung – bhodi – und wurde Buddha. Seine Meditationen drehten sich um die immerwährende Kette neuer Geburten, die den Strom des Leidens nur erneuerten. Eine einfache Formel brachte ihm Erleuchtung und wurde das Fundament seiner Lehre: Alles Leben ist Leiden; alles Leiden hat seine Ursache in der Begierde, im ›Durst‹; die Aufhebung dieser Begierde führt zur Aufhebung des Leidens, zur Unterbrechung der Kette der Wiedergeburten; der Weg zu dieser Befreiung ist der heilige, achtteilige Pfad, der da heißt rechtes Glauben, rechtes Denken, rechtes Reden, rechtes Handeln, rechtes Leben, rechtes Streben, rechtes Gedenken, rechtes Sichversenken. Der Asket war nun Buddha. Er zog als Priester durch Nordindien und verkündete seine Lehre. Unsere Kenntnis von dieser Lehre beruht auf den drei Pitakas – Körben –, Sammlungen von heiligen Schriften, die über Jahrhunderte zusammengetragen wurden und deren Umfang den der Bibel übertrifft. Buddha erklärte also das Leiden zur Grundtatsache des menschlichen Lebens. Ein weiteres Element dieser Religion ist der Glauben an eine sittliche Weltordnung und Vollkommenheit, an Wiedergeburt und Erlösung ohne den Glauben an einen festen Gott. Diese weltlichen Glaubenszusammenhänge werden in religiösen Formen gelebt, durch Schriften, das Priestertum und in Klöstern und Tempeln. So sind z. B. buddhistische Heiligtümer für jeden Menschen zugänglich, während hinduistische nur Inder betreten dürfen. Im Gegensatz zum Hinduismus verwarf der Buddhismus jeden äußerlichen Kult. Buddha stellte die

Seite 16: Der Dattatreya-Platz im Zentrum der Oberstadt von Bhaktapur mit dem gleichnamigen Tempel. Dattatreya ist der Name einer Gottheit, die aus der mythologischen Zusammensetzung von Brahma, Shiva und Vishnu entstanden ist. Der Tempel wurde im 15. Jahrhundert erbaut und um 1880 erweitert. 1971 finanzierte die Bundesrepublik Deutschland seine Restaurierung (ein Geschenk zur Krönung des jetzigen Königs).
Während und nach der Erntezeit werden hier, wie auf allen Plätzen der Stadt, tagsüber Reis oder Getreide getrocknet.

Veden in Frage, in dem er fragte, ob die Welt endlich oder unendlich sei. Er stellt das Universum als einen unablässigen Strom von Seinsmomenten dar, ein Kontinuum der Vergänglichkeit. Der Buddhismus erklärt alles Seiende als ›Dharma‹. Es gibt eine große, unendliche Zahl von Dharmas. Dharma bezieht sich auf alles, woraus die Welt besteht: Lebewesen, Pflanzen, Steine, Berge und Götter. Das Dharma ist nicht von Dauer, es ist eine Erscheinung von etwas, das entsteht und wieder vergeht. So ist auch der Mensch aus einzelnen Dharmas zusammengesetzt, und nur sein Intellekt macht es ihm möglich, sich der Täuschung hinzugeben, ein gleichbleibendes Ich zu sein. Das Prinzip der Verneinung prägt das buddhistische Denken. Jeder Augenblick, jeder Schritt muß neu erworben werden, und es gibt keine Dauer und Seligkeit. (Über die widersprüchliche Aussage Buddhas ›Alles ist – nichts existiert‹ haben sich in der Geschichte des Buddhismus verschiedene Schulen entwickelt.) Das Dharma unterliegt aber sehr wohl einem Gesetz von Ursache und Wirkung, einer Folge von Bedingungen, die sich aus dem Vorhandensein anderer Dharmas erklären. Um diese Gesetze zu erfassen, kann man sich das ›Rad des Lebens‹ vergegenwärtigen, das man in der Form des Mandala auf vielen Thankas abgebildet findet. Der Buddhismus hat nie den Kreislauf der hinduistischen Glaubenslehre von Geburt und Tod und Wiedergeburt in Frage gestellt. In seiner Darstellung des ›Kontinuums der Vergänglichkeit‹ wird aber die Wiedergeburt bedeutungslos, weil sie nicht der Gesetzmäßigkeit des hinduistischen Karma – des Schicksals – entspricht. Die Frage der Wiedergeburt steht nicht in Verbindung mit ›diesem Leben‹ und ›dieser Person‹. Die Wahrheit liegt in den Dharmas, deren Zusammenhänge es zu begreifen gilt. Wie ist es nun möglich, den immer wiederkehrenden Kreislauf des Lebens und Leidens zu durchbrechen? Wenn man den Kreislauf von Wünschen, Haß und Begierde abstreifen könnte und dessen Bedingtheit begreifen würde, müßte es möglich sein, erlöst zu werden. Was dann bleibt, ist das ›Nichts‹, das Nirwana, oder der Frieden, von allem erlöst zu sein. Im Verlauf der buddhistischen Religionsgeschichte haben sich, wie erwähnt, verschiedene Glaubensschulen entwickelt. Heute wird vor allem der Hinayana-Buddhismus ausgeübt, dessen Ideal es ist, dem Urbuddhismus gerecht zu werden und nach dem Eintritt in das Nirwana zu streben. Hinayana heißt ›Kleines Fahrzeug‹. Der Hinayana-Buddhismus wird heute z. B. in Sri Lanka, Birma, Thailand und Kambodscha praktiziert. In Nepal, Tibet, Bhutan und den meisten anderen Ländern des Himalayamassivs wird der Mahayana-Buddhismus gelebt. Mahayana ist das ›Große Fahrzeug‹. Diese Richtung strebt nicht nach der Auflösung des irdischen Seins und dem damit verbundenen Kreislauf, sondern in Anlehnung an den Hinduismus ist es das Ziel der Mahayanaanhänger, aus Mitleid mit den Menschen als Bodhisattva auf die Erlangung der Buddhaschaft (Erlösung) zu verzichten. Der Bodhisattva (Inkarnation) kehrt auf die Erde zurück, um anderen auf ihrem Lebensweg als Gefährte zur Seite zu stehen. So entstand ein ähnlich reicher Götterhimmel wie im Hinduismus. Die vielfältige Auslegbarkeit des Buddhismus drückt sich auch in dem in Tibet praktizierten Lamaismus aus. Lama, Mönch, verweist auf den Bodhisattva des Mahayana-Buddhismus. Mit dem Lamaismus entstand in Tibet Mitte des siebten Jahrhunderts n. Chr. eine reine Mönchsreligion, die in großem Maße weltlichen Einfluß ausübte und so über Jahrhunderte Tibets Geschichte prägte. Die Annexion Tibets durch China beendete nicht nur den Einfluß des Lamaismus, sondern auch die Geschichte Tibets. In Tibet stand durchschnittlich jeder vierte Einwohner im Dienst des Lamaismus. Die Klöster waren die Zentren des religiösen wie des wirtschaftlichen Lebens.

Der Urbuddhismus entwickelte sich aus der Naturgebundenheit der Völker im Gebiet des Himalaya. Die Macht der Berge – jeder Berg ist ein Gott und hat einen Namen –, die Gewalt des Monsunregens und heftige Erdbeben haben mythische und magische Vorstellungen freigesetzt, die sich dann über den Mahayana-Buddhismus und den hinduistischen Shaktivismus zum Tantrismus formten. Für Buddhisten ist der Tantrismus das ›Diamantene Fahrzeug‹ oder auch der Vajrayana-Buddhismus. Shakti (Macht) bedeutet die weibliche Potenz oder Energie der Gottheit, die diese zum Handeln befähigt. Sie kann allen Göttern zugeschrieben werden, wird aber besonders in Verbindung mit Shiva gesehen. Shiva erscheint dann mit seiner Gemahlin, Durga, Kali, Devi oder wie immer sie genannt wird. Der Shaktivismus ist eine der vielen Geistesrichtungen des Hinduismus, seine heilige Literatur sind die Tantras. Diese Tantras beschäftigen sich auf verschiedensten Ebenen mit der Entstehung und dem Zerfall des Universums. Sie sind aber auch der Ursprung für die Auseinandersetzung mit dem Geist des einzelnen und seiner Vereinigung mit dem Universellen, mit übernatürlichen Kräften, Magie, esoterischen Riten und okkulten Praktiken. Nach den Dharmas stehen alle Erscheinungen miteinander in Beziehung, so daß ein geheimnisvoller Zusammenhang besteht zwischen Worten, Handlungen und dem ewigen Grund der Existenz. Mit diesen Zwischenräumen setzt sich der Tantrismus auseinander.

Das Kathmandutal war jahrhundertelang ein Handelszentrum. Die ökonomische Vormachtstellung lag beim Stand der Brahmanen und Kaufleute, den oberen Kasten also, die die Handelswege kontrollierten. Dies erklärt den kulturellen Reichtum des Tales, den man auch heute noch bewundern kann. Man vermutet, daß der Baustil der Pagodentempel, die man in vielen asiatischen Ländern findet, seinen Ursprung in Nepal hat. Durch den unüberwindbaren Himalaya einerseits und den Mangel an Bodenschätzen andererseits wurde Nepal nie zum geopolitischen Zankapfel für mächtigere Staaten. Über Jahrtausende hinweg haben sich in diesem Land Traditionen und Gebräuche erhalten und stetig weiterentwickelt. Erst in den Jahren nach der Annektierung Tibets durch China gab es eine für Nepal bedeutsame Veränderung: Die Grundlage der materiellen Existenz vieler Menschen wurde durch die abgeschnittenen Handelswege in Frage gestellt. Nepal geriet zusehends in eine Isolation, die nur durch die Öffnung der Grenzen zur westlichen Welt aufgebrochen werden konnte. Diese notgedrungene Öffnung brachte dem Land viel nützliche Hilfe und Unterstützung mannigfachster Art. Aber sie führte auch zu einem Zusammenprall völlig gegensätzlicher Welten: der hochentwickelte Westen mit seinen reichen Industriestaaten und ein scheinbar im Mittelalter verharrendes Land, dem geholfen werden mußte, den Anschluß an das 20. Jahrhundert zu finden. Eine Überschätzung der Zweckmäßigkeiten und Möglichkeiten hat leider auch in Nepal zu vorschnellem Aktionismus auf beiden Seiten, der der Bedürftigen wie der der Helfer, geführt, so daß es in Nepal zu sehr fragwürdigen Entwicklungen gekommen ist, die sich vor allem im Kathmandutal extrem auswirken. Gerade das religiöse Fundament der Nepali ist durch den Einfluß der reichen Länder dieser Erde in zunehmendem Maße bedroht. In diesem Zusammenhang möchte ich vor allem den Massentourismus ansprechen: Wir können uns in unserer Hemisphäre nahezu alles leisten, was nötig ist, um in materiellem Wohlstand und in sozialer Sicherheit zu leben. Darüber vergessen wir aber nur zu leicht, daß unsere Vorstellungen von Glück nicht absolut sind. Wie sonst sind die Intoleranz und Unhöflichkeit der vielen Menschen zu erklären, die gleich Mückenschwärmen in Länder wie Nepal einfallen. Viele dieser Reisenden sind sich der verheerenden Wirkung ihres Besuches gar nicht bewußt, sondern gehen in ihrer Sehnsucht nach dem Außergewöhnlichen der Werbung der Tourismusindustrie auf den Leim, die für drei oder vier Tage ein lebendiges Mittelalter verspricht.

Damit man zeigen kann, was man gesehen hat in der fernen Märchenwelt, werden Andenken für die Lieben daheim erstanden, meist Ramsch aus Blech und Messing oder Pappe, von Einheimischen in kleinen Fabriken nach Mustern alter Kunstwerke in Serie hergestellt. Die Kunstwerke, denen diese Souvenirs meist nachgebildet sind, stehen zu allem Überfluß in unseren Völkerkundemuseen. Ohne den Wert sinnvoller Entwicklungshilfe schmälern zu wollen, möchte ich doch erwähnen, daß in vielen Ländern dieser Erde die westliche Entwicklungshilfe gerade diese Souvenirindustrie gefördert hat: einerseits sicherlich, um Arbeitsplätze zu schaffen, andererseits aber auch, um den Touristen einen möglichst einfachen Zugang zur Kultur des jeweiligen Landes zu ermöglichen. Aufgrund sprachlicher Barrieren arbeiten die Entwicklungshelfer bevorzugt mit Einheimischen zusammen, die sie leicht erreichen bzw. ansprechen können. Das ist selten der einfache Bauer oder die Familie einer niedrigen Kaste, sondern es sind zumeist Menschen, die den privilegierten Schichten angehören, die am Ende auch die Gewinne einstreichen. Die Souvenirindustrie gaukelt den Einheimischen vor, es sei ganz einfach, dem Gast aus der fernen, reichen Welt das große Geld aus der Tasche zu ziehen. Alte Traditionen und Werte stehen dem im Weg. In Kathmandu kann man heute erleben, wie es durch diese Verunsicherung zu einer regelrechten Seuche kommen kann. Von Kindern bis zu alten Menschen versuchen viele ihr Glück im Geschäft mit den Touristen. Das geht so weit, daß Eltern ihre Kinder betteln schicken oder deren exotisches Gesicht für einen Dollar zum Fotografieren anbieten.

Netha Madhu Ajima und Pahachare

Ein tantrisches Blutopferfest für die Große Muttergöttin. Ein Stadtteilfest in Kathmandu.

Beim ersten Aufenthalt im Himalayakönigreich Nepal sind unsere Sinne überfordert. Die grandiose Landschaft, die verschiedenen Rassen mit unterschiedlichen Trachten, die einmalige Architektur der Pagodentempel, die lärmerfüllten Basarstraßen, die kunstvoll geschnitzten Fenster der Paläste und Häuser der Hochkastigen, das ständige Klingeln chinesischer Fahrräder und das Hupen der Rikschafahrer, die Heiterkeit der unzähligen Kinder, die kunstvoll angelegten Dorfweiher mit ihren wasserspendenden Fabelwesen, die Träger, die schwerbeladen die Ernte einbringen, die Mädchen, die am heiligen Fluß ihr Haar waschen, oder die sattgrünen Reisterrassen lassen so schnell hinwegsehen über Schmutz und tiefe Armut. Nur von Zeit zu Zeit nimmt man sie plötzlich wahr, aber das überaus fröhliche Wesen der Einheimischen, ihre tiefe Gläubigkeit, ihre Freundlichkeit lenken ständig wieder davon ab. Im Gegensatz zum großen Nachbarland Indien wirkt hier nichts bedrückend, sondern die Heiterkeit der Menschen steckt an. Bereitwillig öffnen sich die Sinne für ständig neue Eindrücke.

Eine Steigerung, die die Feste mit sich bringen, scheint kaum mehr möglich.

Nur Astrologen und Priester wissen genau, wann und wo ein Fest beginnt, wo eine Prozession sich in Bewegung setzt, eine Opferzeremonie abgehalten wird. Auch wenn man sich noch so gut informiert wähnt, braucht man ein großes Maß an Geduld, muß man viele Stunden lang warten können, will man ein Fest in seinem gesamten Ablauf miterleben.

Diese Abhängigkeit von Astrologen ist uns fremd, den Nepali dagegen begleitet sie sein ganzes Leben. Bereits bei der Geburt wird für jedes Kind ein detailliertes Horoskop erstellt. Der Astrologe muß den richtigen Zeitpunkt für die Namensgebung ausrechnen, und auch später wird er vor jeder größeren Entscheidung zu Rate gezogen werden, so z. B. vor einem Wohnungswechsel. Wer sich von bösen Geistern verfolgt glaubt, kann nur durch ihn davon befreit werden. Er benötigt dazu das bei der Geburt erstellte Horoskop, auf das er Reis fallen läßt. Aus der Richtung, dem Winkel und der Höhe, in der die Körner wegspringen und daraus, in welchen Zeichen des Horoskops Reiskörner liegenbleiben, liest er ab, aus welcher Richtung die Geister kommen und was der Kunde tun muß, um von ihnen befreit zu werden. Vor jeder Heirat muß der Astrologe die Horoskope der Brautleute daraufhin prüfen, ob die beiden für ein Zusammenleben geeignet sind. Auch gegen die tagtägliche Bedrohung durch böse Omen wird der Nepali oft den Astrologen zu Rate ziehen, um von ihm Ratschläge zu erhalten, wie er das schlimme Schicksal, das auf ihn zukommt, abwenden kann.

Begegnet einem Nepali auf der Straße eine schwarze Katze oder eine Schlange, so wird er, gleichgültig ob Autofahrer, Radfahrer oder Fußgänger, den eingeschlagenen Weg nicht weiter fortsetzen, wenn dies irgend möglich ist, sondern auf einem anderen Weg sein Ziel zu erreichen suchen. Widrigenfalls wird er den nächsten Ganeshtempel aufsuchen und den Elefantengott darum bitten, das Unheil, das ihm droht, abzuwenden. Ein Schuh, der vor einer Türe liegt und dessen Sohle nach oben zeigt, ein Kleidungsstück, dessen Innenseite nach außen gewendet ist, Spinnen oder in besonderen Situationen auch Spitzmäuse bringen ebenfalls Unglück, Schmerzen oder Krankheit, die nur durch eine Puja, ein Opfer, überwunden werden können.

Selbst unscheinbare Steine am Boden erfahren tiefste Verehrung. Vor jedem Hauseingang, an den Straßenkreuzungen, innerhalb der Stadtviertel und um die Stadt herum stehen kleine Monolithen, deren Bedeutung sich dem Betrachter erst bei Opferzeremonien oder an Festtagen erschließt. Es gibt Steine, die gegen Schmerzen helfen, aber auch Steine, an denen die Nachgeburt oder die Kleider von Verstorbenen abgelegt werden. Nach jedem Opfer werden diese Steine wieder Bestandteil der Straße, und die Menschen gehen unbedacht über sie hinweg. Opferreste werden von Hunden beseitigt. Hunde, Schweine und die heiligen Kühe laufen frei herum. Sie sind eine natürliche und zuverlässige Müllabfuhr: Sie beseitigen die organischen Abfälle aus Haushalt und Handel ebenso wie die Fäkalien von den Straßenrändern.

Vor allem bei diesen kleineren, aber bereits auch bei den großen Opferhandlungen kann man deutliche Veränderungen feststellen. Immer häufiger werden die sorgfältig gearbeiteten traditionellen

Seite 21: Helfer leiten die Götter in ihren Masken durch die Menge. Sie fächeln ihnen Luft zu, wischen ihnen den Schweiß ab und schützen sie im Gedränge.

Seite 22/23: Die nächtliche Begegnung mit den Göttern wird für Erwachsene ebenso wie für Kinder zu einem großartigen Erlebnis, auf das sie gerne geduldig viele Stunden warten.

Gebrauchsgegenstände, die für die Zeremonien benötigt werden, durch solche aus billigerem und – wie die Nepali oft meinen – ›schönerem‹ Material ersetzt: Aluminium, Chromstahl und Plastik. Die übliche Glocke mit dem kunstvoll gearbeiteten figürlichen Handgriff findet zwar noch überall Verwendung, aber das Öl für die Butterlampen wird inzwischen häufig aus alten Whiskyflaschen nachgegossen. Nur zu den Festen, die von einer Guthiorganisation, einer Stiftergesellschaft mit religiösen Aufgaben, ausgerichtet werden, kommen für die Puja noch unglaublich schöne Kunstgegenstände zum Vorschein, die um nichts in der Welt veräußert werden. Diese ersten sichtbaren Veränderungen resultieren natürlich auch aus dem einmaligen Charakteristikum, daß die nepalischen Feste keine heiligen Handlungen in unserem Sinne sind, an denen man andächtig und schweigend teilnimmt wie etwa an einem christlichen Gottesdienst. Für den Nepali sind die Zeremonien so sehr mit dem alltäglichen Leben verflochten, daß diese Handlungen nicht einfach herausgehoben werden können. Wenn der Priester mit eintöniger Stimme seine Gebete spricht, kann es vorkommen, daß er sich plötzlich unterbricht, seinem Gehilfen pfeift und ihm Anweisung gibt, irgendeinen Gegenstand zu Hause zu holen, den er vergessen hat. Die herumsitzenden Männer, die Teil der Puja sind, unterhalten sich, rauchen und spucken vernehmlich aus. Frauen stillen ihre Babys und weisen die Kinder zurecht, Hunde lauern auf die geopferten Gaben, und niemand käme auf den Gedanken, daß die Opferhandlung dadurch entweiht werden könnte.

Tempel und heilige Opferstätten sind immer auch Orte, an denen sich das tägliche Leben abspielt. Für den Nepali ist der Alltag Religion, d. h. die Religion wird gleichgesetzt mit dem täglichen Leben, das ausschließlich am Jenseits orientiert ist. Die Chance dieses Lebens sind der Tod und die Aussicht auf ein besseres Leben nach der Wiedergeburt.

In Nepal, dem letzten Hindukönigreich der Erde, beeinflußt die Religion aber nicht nur den Alltag des einzelnen in hohem Maße, sondern sie hat auch die Geschichte, die Kultur und die Kunst des Landes bis heute weitgehend geprägt. Schon in den ersten Jahrhunderten nach der christlichen Zeitwende rühmten vor allem chinesische Reisende die Newarstädte im Kathmandutal als Zentren der buddhistischen Lehre: In den Klöstern der Stadt Patan fand zwischen gelehrten indischen und tibetischen Buddhisten ein reger Gedankenaustausch statt, und bereits damals konnten beim Stamm der Newar Hinduismus und Buddhismus friedlich nebeneinander bestehen. Im Mittelalter setzten sich dann die Einflüsse des Tantrismus durch. Der Mystizismus, die Esoterik und das weibliche Prinzip, die in krassem Gegensatz zu den geradezu asketischen Idealen, die bis dahin in den großen Klostergemeinschaften gepflegt worden waren, standen, wurden nun stark betont. Neben Zaubersprüchen und Geheimritualen, die beiden Lehren bereits gemeinsam waren, nahmen Hinduismus und Buddhismus nun auch den Kult der Muttergöttin auf und führten rituelle Blutopfer ein. Die beiden Religionen wurden dadurch unentwirrbar miteinander verflochten.

Die Handelsbeziehungen, die die Newar mit Tibet und Indien unterhielten, machten Nepal bald zu einem reichen Land und bescherten ihm die Epoche seiner höchsten kulturellen Blüte. Die Mehrzahl der heute noch erhaltenen Tempel und Paläste im Kathmandutal wurden unter der Herrschaft der Mallakönige zwischen dem 15. und 18. Jahrhundert unserer Zeitrechnung von der letzten Newardynastie erbaut.

Heute entdecken wir in den Ritualen der religiösen Feste hinduistische, buddhistische und tantrische Elemente, aber auch Reste des animistischen Glaubens der Urbevölkerung des Kathmandutals. Das Nebeneinander, Durcheinander und Miteinander von verschiedenen religiösen Überlieferungen machen die Deutung der einzelnen rituellen Handlungen schwer, oft sogar unmöglich. Ein Hindu gibt andere Erklärungen als ein Buddhist. Ein Angehöriger einer hohen Kaste wird religiöse Praktiken anders deuten als ein Unberührbarer. Jeder einzelne versteht aus seiner Sicht, glaubt gemäß den Überlieferungen innerhalb seines Familienclans, seiner Kaste oder seines Stadtteils.

Seite 24 oben: Im Morgengrauen wurden zu Ehren der anwesenden Götter Tieropfer dargebracht. Die Anzahl der geopferten Büffel, Ziegen und Schafe entsprach der Zahl der am Opferritual beteiligten Gottheiten.
Priester und Astrologen leiten und überwachen das Geschehen bei der tantrischen Opferzeremonie, in deren Verlauf die Götter das Blut der geopferten Tiere trinken.

Seite 24 unten: Nachdem sie das Blut des ersten Opfertieres genossen haben, werden die Götter zu ihren Plätzen zurückgetragen, wo sie wie in Trance auf den Tod und das Blut des nächsten Tieres warten.

Dieses vielfältige Nebeneinander von unterschiedlichen Auslegungen, von persönlichen Deutungen und individuellen Praktiken wirft für uns ständig neue Fragen auf, verlangt nach Erklärungen, die oft gar nicht gegeben werden können. Das Zeremoniell entspricht der Überlieferung. So hat man die Riten schon immer vollzogen, lautet die Antwort. Wenn wir uns damit zufriedengeben können, wenn wir die Abläufe verfolgen, ohne uns durch insgeheime Fragen immer wieder abzulenken, wenn wir wirklich miterleben können, was wir sehen, ohne ständig rationale Erklärungen zu verlangen, wenn wir mit allen Sinnen offen sind und in unserem Innern voller Unruhe, voller Gier Neues zu erleben, dann ist der Augenblick gekommen, wo uns die Faszination einzelner ritueller Handlungen und der Feste überhaupt ergreift, uns gefangenhält und uns Erlebnisse vermittelt, die in ihrer Kraft und Vielfalt ihresgleichen suchen. Dann werden plötzlich Zusammenhänge klar, langsam begreifen wir, beginnen vieles zu verstehen.

In die Zeit der Feste Pisach Chaturdasi und Ghora Jatra im März/April fallen auch Pahachare, das Zusammentreffen der drei göttlichen Schwestern, sowie Neta Madhu Ajima, der nächtliche Auftritt von zwölf Gottheiten in Nar Devi, einem Stadtteil Kathmandus, und ihre Verehrung durch die Bevölkerung. Bei diesem Opferfest für die große göttliche Mutter Neta Madhu Ajima werden zwölf männliche Mitglieder aus der Kaste der Blumenpflücker im Innern eines Dyochen, eines Hauses, in dem die Götter des betreffenden Stadtteils wohnen, in dem Masken und rituelle Gerätschaften gelagert werden, auf ihren Auftritt vorbereitet.

Ihre Masken werden in stundenlangen rituellen Opferhandlungen geweiht, und zu diesen Zeremonien erhält niemand außer den Priestern Zutritt. Gegen Mitternacht treten die Männer dann einzeln aus dem Haus. Sie sind in kostbare Gewänder gehüllt, haben die Masken übergezogen und sind mit Silberreifen, Halsketten und Blumen geschmückt. Mit den aufgesetzten Masken gelten sie als heilig, werden als Götter angesehen, werden angefleht und verehrt. In einer langen Prozession bewegen sie sich zentimeterweise durch die engen Gassen. Vor jedem Hauseingang findet ihnen zu Ehren eine kleine Opferzeremonie statt.

Verschiedentlich machen uns Gläubige durch Gesten auf Besonderheiten aufmerksam. Sind sie besorgt, ob die Götter uns akzeptieren oder ob unsere Anwesenheit sie nicht verärgert und dieser Ärger dann auf die Bewohner zurückfällt? Sie wirken unsicher, sind ängstlich, aber auch tolerant. Und sie freuen sich, bedanken sich mit einem Lächeln bei uns, wenn alles gut gegangen ist.

Jeder der zwölf Götter hat zwei Helfer, die ihn führen, die ihn vor der Menge schützen, die ihm Luft zufächeln, wenn er unter seiner Maske zu ersticken droht. Einige Fackeln und die brennenden Dochte auf den Opfertellern der Frauen erhellen ein wenig die Nacht. Man erkennt Bhairab unter den Masken, die schreckenerregende Form von Shiva, man erkennt Kali, die schwarze, blutdürstige Form der Durga, die Bekämpferin der Dämonen, oder auch Ganesh, den Elefantengott, der alle Hindernisse überwindet. Der Sohn Shivas und seiner Frau, der Göttin Parvati, ist einer der beliebtesten Götter.

Die Prozession muß am Tempel der Muttergottheit Neta Madhu Ajima, der Herrscherin über den Stadtteil Nar Devi, vorbeiziehen. Dort steht ein Lichterbaum mit 108 brennenden Öllampen. Aus einigen Häusern ertönt Musik. Harmonium, Zimbeln und Trommeln, dazu religiöse Gesänge, laut und inbrünstig von Männern vorgetragen. Musik und Lieder waren schon seit Stunden zu hören und werden auch für den Rest der Nacht nicht verstummen.

Auf einem winzigen Platz tanzen die Götter gemeinsam in der Menge. Es herrscht ein unglaubliches Gedränge, alle sind unterwegs, die Alten genauso wie die Kinder; niemand will sich ausschließen, jeder sich den Göttern zeigen und sie verehren. Dann plötzlich tauchen die Göttermasken weg, verschwinden irgendwo, scheinen sich aufzulösen. Auch die Menge löst sich auf, verteilt sich. Aus Tausenden werden Hunderte, aber

Seite 27–30 und 33: Pahachare, das Treffen der drei göttlichen Schwestern. Rote, gelbe oder blaue Mützen kennzeichnen die einzelnen Gruppen, die jeweils einer Göttin als Gefolgschaft angehören.
Die drei göttlichen Schwestern treffen auf dem Asantol-Platz im Herzen von Kathmandu zusammen. Nacheinander und aus verschiedenen Richtungen kommend halten sie mit ihrem Gefolge Einzug auf dem kleinen Platz.
Das Bild der jeweiligen Göttin ist in einer pagodenförmigen Tempelsänfte verborgen, die mit Blumengirlanden überhäuft ist. Eine eigene Musikantengruppe und ein Zeremonienschirm begleiten jede der drei Schwestern auf ihrem Weg durch die überfüllten Gassen der Stadt.

allein wird man in dieser Nacht nie sein, denn mit frommen Liedern werden die Götter weiter besungen, bis der Morgen graut.
In aller Frühe erscheinen die zwölf göttlichen Maskenträger wieder auf dem kleinen Platz, in dessen Mitte aus Stein ein kleiner Schrein der Muttergottheit, die hier herrscht, in den Boden eingelassen ist. Dorthin werden nacheinander drei junge Büffel, mehrere Ziegen und ein paar Schafe geführt, deren Blut hier der großen Muttergottheit geopfert werden soll.
Der Kopf der Tiere wird nach hinten gebogen und die Halsschlagader angeritzt, bis ein Blutstrahl in die Menge schießt. Einzeln werden die zwölf Gottheiten zu den Opfertieren geleitet, lüften ihre Masken und trinken vom warmen Blut des Opfers. Priester beobachten den Vorgang genau und wachen darüber, daß jeder reichlich Opferblut zu sich nimmt. Wer genug getrunken hat, wird wie ohnmächtig von Helfern weggetragen, macht der nächsten Gottheit Platz. Man wischt ihm das Blut aus dem Gesicht und reinigt seine Hände. Nun kann er die Trankopfer der anderen Gottheiten mitverfolgen, bis er beim nächsten geschächteten Tier selbst wieder an die Reihe kommt.
Nur derjenige Maskenträger, der alles Opferblut, das er getrunken hat, bei sich behält, beweist damit, daß der Gott, den er darstellt, auch wirklich in ihm wohnt. Für ein weiteres Jahr wird er diesen Gott verkörpern und von den Bewohnern des Stadtteils Nar Devi, die das Trankopfer gespannt verfolgt haben, höchste Verehrung empfangen.
Neta Madhu Ajima, Pisach Chaturdasi, Ghora Jatra und Pahachare, das Fest der drei göttlichen Schwestern, finden alle im gleichen Zeitraum statt, haben aber dennoch nichts miteinander zu tun.
Wie viele der Feste im Kathmandutal ist Pahachare auch ein Familienfest, zu dem man alle Verwandten und vor allem die schon verheirateten Töchter einlädt, in der Hoffnung, daß durch häusliche Harmonie und die Zuneigung, mit der jeder jedem begegnet, teuflische Mächte und böse Geister aus dem Haus vertrieben werden.
Gemeinsam sucht man die drei Tempel der insgesamt acht göttlichen Schwestern in Kathmandu auf und opfert ihnen ausgiebig. Neben Reis, Früchten, Blumen oder Goldmünzen werden ihnen auch Tiere geopfert.
Unter den Schwestern ist Bhadra Kali die mächtigste und somit die wichtigste Göttin. Sie herrscht über die dunklen Mächte, die Elend, Hungersnot und Seuchen im Tal verbreiten.
Nach einer verheerenden Epidemie, so wird überliefert, stiftete zu Ehren von Bhadra Kali einer der Mallakönige das dreitägige Pahacharefest.
Sind die Göttinnen durch die Gaben und Gebete der Bevölkerung zufriedengestellt, verlassen sie zu mitternächtlicher Stunde ihre Tempel, um sich am Tundikel zu treffen, einem großen Platz, auf dem üblicherweise Sportveranstaltungen, Märkte oder Militärparaden abgehalten werden.
In pagodenförmigen Sänften wird das kupfergetriebene und goldüberzogene Bild der jeweiligen Göttin auf getrennten Wegen durch die finsteren Gassen der Altstadt getragen. Ein paar Fackeln und das Licht einiger Butterlampen erhellen spärlich diese Prozessionen.
Es ist die dunkelste Nacht im Monat Chaitra, weswegen die meisten Nepali sich auch scheuen, an diesem Treffen der drei göttlichen Schwestern teilzunehmen. Neumondnächte sind wie geschaffen, um von Dämonen belästigt oder gar entführt zu werden.
Die Einführung einer – wenn auch sehr kärglichen – Straßenbeleuchtung, die überwiegend an Plätzen installiert wurde, die als Treffpunkte von Dämonen galten, vertrieb die Unholde zwar von diesen Orten, doch das Licht einer 15-Watt-Birne reicht nicht weit. So treffen sie sich heute ein paar Ecken weiter, wo die Nächte finster sind wie eh und je. Diese Plätze bei Dunkelheit zu überqueren bedeutet Gefahr, und deswegen meidet ein Nepali sie lieber.
Sind die drei Göttinnen endlich zusammengetroffen, umkreisen sich die von je 16 Männern getragenen Tempelsänften in atemberaubendem Tempo. Der wie bei den meisten religiösen Zeremonien reichlich genossene Alkohol wirkt wie ein Motor und treibt die Trägergruppen an. Mit dem Bild ihrer Göttin auf den Schultern jagen sie aufeinander zu, stoßen zusammen, schwanken – ineinander verkeilt – und lösen sich wieder.
Ein paarmal wiederholt sich das Bild, dann tauschen die drei Gruppen brennende Fackeln aus, als symbolhafte Geste für das gute Einvernehmen, das unter den drei Schwestern herrscht. Ebenso plötzlich wie sie erschienen sind, trennen sich die Göttinnen auch wieder und kehren in ihre Tempel zurück. Das Dunkel der Nacht gehört wieder ganz den Dämonen.

Tags darauf findet das Treffen der drei göttlichen Schwestern noch einmal statt. Diesmal auf dem Asantole-Platz, im Herzen der Altstadt von Kathmandu, bei Tageslicht und infolgedessen umgeben von einer unübersehbaren Menschenmenge.

Dieses zweite Treffen hat einen legendären Hintergrund. So wird überliefert, daß ein Verwandter von ihnen die acht Schwestern einst zu einem Festmahl lud. Außer Luti Ajima, die eine arme Witwe war und zehn Kinder zu versorgen hatte, erschienen alle Schwestern in kostbare Gewänder gehüllt und mit wertvollem Schmuck behängt und wurden mit dem entsprechenden Respekt behandelt. Der Gastgeber überhäufte sie mit Komplimenten und ließ reichlich Speisen und Getränke auftischen. Luti Ajima mit ihren zehn in Lumpen gehüllten Kindern aber wurde übersehen und ging leer aus. Erst das Geschrei der hungrigen Kinder machte schließlich den Gastgeber auf sie aufmerksam, und er warf ihnen einen Kanten Brot zu, um sie zum Schweigen zu bringen. Eines der Kinder wurde dabei am Kopf getroffen und verwundet, da das Stück Brot alt, vertrocknet und hart war. Das Blut aber, das in Strömen aus der Wunde floß, verwandelte sich augenblicklich in Gold. Luti Ajima sammelte es sorgfältig ein und verließ grußlos mit ihren Kindern die Gesellschaft.

Einige Tage darauf erging vom gleichen Gastgeber eine neuerliche Einladung an die Schwestern. Diesmal erschienen auch Luti Ajima und ihre Kinder in prächtigen Gewändern und mit reichlich Schmuck angetan. Alle bewunderten sie und ließen es nicht an schönen Reden und Schmeicheleien fehlen.

Als aufgedeckt war und die Gäste zum Essen gebeten wurden, nahmen Luti Ajima und die Kinder ihren Schmuck ab und hielten ihn über ihre üppig gefüllten Teller mit einer Geste, die besagen sollte, daß der Gastgeber nur schmückendes Beiwerk, aber keine Menschen zu sich eingeladen hatte. Dann erhoben sie sich von der Tafel, ohne die Speisen angerührt zu haben, und verließen das Haus ihres Gastgebers.

Soweit die Legende. Was sich daraufhin im familiären Kreis der acht Schwestern tat, welche Diskussionen über das richtige oder ungebührliche Verhalten der Luti Ajima und des mit ihnen verwandten Gastgebers geführt wurden, können wir nur erahnen. Bekannt ist nur noch, auf welche Weise der Familienstreit bereinigt wurde.

Die acht Schwestern kamen überein, daß drei von ihnen sich auf dem Asantole-Platz treffen und in aller Öffentlichkeit versöhnen sollten. Neben Luti Ajima wurden Bhadra Kali, die einflußreichste, und Kankeswari, die jüngste der Schwestern für diesen Versöhnungsakt bestimmt.

Die Versöhnung hat stattgefunden, die lodernden Fackeln wurden unter den drei Göttinnen ausgetauscht, die Einigkeit der Schwestern in aller Öffentlichkeit unter Beweis gestellt. Mit Jubelrufen, Händeklatschen, Musik und Tanz feiert die Menge, bis die drei Göttinnen wieder in ihre Tempel zurückgetragen werden.

Steht das erste nächtliche Treffen ebenfalls in Zusammenhang mit der Legende? Oder hat dieses Treffen einen anderen Hintergrund? Ist das zweite Treffen eine Fortsetzung des mitternächtlichen Gespräches, bei dem die Schwestern sich noch nicht haben einigen können? Oder wird das nächtliche Treffen, bei dem nur wenige Zeuge waren, bei Tage wiederholt, weil es in aller Öffentlichkeit stattzufinden hatte?

Jeder der von uns Befragten sieht es anders. Einig sind sich alle nur in ihrer Freude über den glücklichen und friedlichen Ausgang des Zusammentreffens der drei göttlichen Schwestern.

Seite 34/35: Bhaktapur, eines der drei ehemaligen Stadtkönigreiche in den Tagen des Durga Puja. Von ihren Hausdächern aus lassen die Bewohner bunte Drachen hochsteigen.
In der Bildmitte der langgestreckte, dreigeschossige Bhairabtempel, rechts die Nyatapola, die höchste Pagode Nepals.

Bisket Jatra

Das achttägige Neujahrsfest in Bhaktapur

Hósse, Hósse, Hósse . . . schreit der auf der Deichsel des hölzernen Tempelwagens stehende Anführer und schleudert dabei rhythmisch und kraftvoll seinen rechten Arm nach vorne. Mit diesen Rufen feuern er und die umstehenden Zuschauer begeistert die 200 Männer an, die das tonnenschwere Gefährt durch die engen und winkligen Gassen Bhaktapurs zu ziehen versuchen.
Ungefähr die Hälfte der Männer zerrt an fünf etwa zwanzig Meter langen schweren Seilen den Wagen vorwärts. Die anderen stehen hinter ihm, bremsen ihn, wenn die Fahrt zu schnell wird, oder ziehen den Tempelwagen, dessen Räder auf starren Achsen stecken, auf den kurvenreichen Wegen durch die Stadt in die erforderliche Richtung. Nur am ersten und am letzten Tag des Festes versuchen die beiden Gruppen in einem Wettkampf den Wagen in ihre Richtung, das heißt in die Ober- oder in die Unterstadt zu ziehen. Dieser Kampf ist nicht ungefährlich, da die konkurrierenden Mannschaften den Wagen mit aller Gewalt und rücksichtslos in ihre Richtung zu ziehen versuchen. Dabei donnert das schwere Gefährt oft gegen Häuser, bricht Löcher in die Wände, reißt große Stücke aus kunstvoll geschnitzten Holzerkern oder deckt vorstehende Dächer ab. Zuschauer werden verletzt, und es kommt sogar vor, daß der riesige Wagen Menschen überrollt, die im allgemeinen Trubel gestürzt sind. Wenn es dabei Tote gibt, ist nicht klar, ob diese sich mit ihrem Tod besondere religiöse Verdienste erworben haben oder ob sie nur den zerstörerischen Kräften des im Wagen befindlichen Gottes Bhairab zum Opfer gefallen sind. Auf jeden Fall beeinträchtigen derartige Unglücksfälle nicht den weiteren turbulenten Ablauf des Festes.
Die Händler entlang der vorgeschriebenen Prozessionsstrecke haben schon Tage vorher ihre Geschäfte ausgeräumt und verbarrikadiert, denn oft enden diese Wettkämpfe in einer allgemeinen Steinschlacht, dem Kampf der Unter- gegen die Oberstadt.

Seite 36: Im Zentrum der Stadt (Bhaktapur), auf dem Taumadhi-Platz beginnt und endet alljährlich das Bisket Jatra. In unmittelbarer Nähe der fünfstöckigen Nyatapolapagode startet die Wagenprozession, beginnt der Kampf der Unter- gegen die Oberstadt. Der hölzerne Prozessionswagen ist die getreue Nachbildung eines längst verfallenen Tempels.

Der Wagen muß auf seinem Weg durch Bhaktapur bestimmte Punkte erreichen. Dort bleibt er dann jeweils stehen, über Nacht, einen Tag lang oder so lange, wie eine notwendige Reparatur es erfordert.
Als wir Augenzeugen des Bisket waren, wurde ein junger Mann vom Tempelwagen überrollt. Beim Aufprall auf eine Mauer brach die Deichsel. Später krachte der Wagen gegen das Steinfundament eines Tempels. Dabei brach die Hinterachse und, was sehr viel schlimmer wog, der an der Deichsel festgebundene mannshohe Gott Betal, der Bhairab als beschützende Gottheit begleitet, verlor durch die Wucht des Aufpralls seinen Kopf. Für viele Stunden herrschte völlige Ratlosigkeit. Wie konnte dieses Unglück geschehen, was war nun zu tun? Das Fest ist unterbrochen, überall wird diskutiert, wird beraten.
Für ein paar Stunden legen wir uns in dem alten buddhistischen Kloster, wo wir bei Freunden untergekommen sind, nieder und versuchen, etwas auszuruhen. Es ist zu wenig Zeit für einen richtigen Schlaf, und wir gleiten in den Zustand zwischen Traum und Wachen. Aus allen Richtungen tönen Trommeln und Becken durch die Stille der Nacht. Religiöse Lieder, begleitet vom hellen Klang der Zimbeln, erreichen uns aus der Ferne, brechen ab, werden durch andere geräuschvolle Zeremonien in der Umgebung ersetzt. Es ist ein An- und Abschwellen von Lauten in der Nacht, das die besondere Atmosphäre der Festtage wachhält. Träume, Wachen und Schlaf fließen ineinander, sind nicht zu trennen.
Gleichgültig wo man sich befindet, egal in welchem Zustand, das Fest geht weiter. Mit irgendeinem seiner Sinne nimmt man ständig teil. Erinnerungen und Gegenwart sind eins, besonders in diesen beiden Nächten, nachdem Deichsel und Achse des tonnenschweren hölzernen Tempelwagen gebrochen sind, nachdem der Gott Betal, der den Wagen beschützen sollte, seinen Kopf verloren hat. Wir sind so einbezogen in das Fest, daß wir mitfühlen und uns der Bestürzung, die die ganze Stadt ergriffen hat, nicht mehr entziehen können. Was malen die Menschen sich aus – was denkt der einzelne, welche Unglücksfälle fürchtet er über sich hereinbrechen? Wird es wieder eines dieser furchtbaren Erdbeben geben, die schon so oft das Land erschüttert haben? Wird der König, eine Inkarnation Vishnus, der das ewige Werden und Vergehen der Natur symbolisiert, sterben?

Drohen Dürre und Hungersnot, wenn der Monsun ausbleibt, oder stehen schreckliche Überschwemmungen bevor?
Wird eine Feuersbrunst die Stadt heimsuchen, oder bedrohen schwere Krankheiten die Bevölkerung? Welches Schicksal ist dem einzelnen, seiner Familie, seinem Haus, seinen Feldern, seinen Vorräten bestimmt? Der Schrecken, die Ängste von Tausenden sind plötzlich spürbar, zum Greifen nahe.
Man muß etwas tun.
Welchen der Götter gilt es zu beschwichtigen und mit einer Puja zu versöhnen? Betal, dem dies Unglück widerfuhr, Shiva persönlich oder seine schreckliche Verkörperung als Bhairab, als Dämon der Zerstörung, der im Wagen saß und alles miterlebte? Und sind nicht auch die eigenen Hausgötter erzürnt und müssen besänftigt werden?
Ein Priester ist bei Betal am Wagen zurückgeblieben, die anderen haben Bhairab in seinen Tempel gebracht. Sie bleiben bei ihm, bis der Wagen wieder gerichtet ist. Sie werden ihm zu Ehren eine große Puja feiern. Sie werden versuchen, ihn davon abzuhalten, seine zerstörerischen Kräfte walten zu lassen. Mit den vier Priestern ist Bhairab gut umsorgt, und so ziehen die ganze Nacht über die Menschen an Betal vorbei, opfern ihm Reis, Blumen, Früchte, kleine Geldmünzen und immer wieder das Blut unzähliger Hühner. Unersättlich steht er da, seine starren Augen scheinen immer noch mehr zu fordern, obwohl das Blut der geopferten Tiere bereits unablässig aus seinem Mund fließt, von seinem Gesicht tropft.
Wenn sie an Betal vorbei sind, nach ihrem Opfer, wirken die Menschen erleichtert. Die wichtigste Puja dieser Nacht haben sie dargebracht, andere werden noch folgen. Sie werden nicht ruhen, sondern die ganze Nacht hindurch anderen Göttern weitere Opfer bringen. Die Zeit ist kostbar, und jeder tut, soviel er kann, um die Götter zu versöhnen, um Unheil vom König, von der Stadt und von sich selbst abzuwenden.
Langsam weicht die Bestürzung. Erleichterung zeigt sich überall – Hoffnung. Im Schein von Taschenlampen, Fackeln und den Opferlichtern der vorbeiziehenden Gläubigen haben die Männer die Wagendeichsel ausgetauscht und eine neue Achse eingesetzt. Sie haben die ganze Nacht über gearbeitet. Mit einfachsten Hilfsmitteln, mit Hebelwirkung und dem Gewicht vieler freiwilliger, begeisterter Helfer wurde der Wagen aufgebockt. Die gut zehn Meter lange Holzdeichsel auszutauschen hat allein viele Stunden gedauert. Etwa dreißig Männer haben sie unter großen Mühen Meter um Meter von ihrem Lagerplatz hinter dem Nyatapolatempel herangeschleppt. Zentimeterweise wird die Deichsel unter dem Wagen durchgeschoben, bis sie in ihrer richtigen Lage einrastet. Dabei können wir sehen, auf welch ausgeklügelte Art die einzelnen Holzteile miteinander verbunden und verzahnt sind.
Erst wenn die Astrologen und Priester den günstigsten Zeitpunkt errechnet haben, um den Wagen wieder in Bewegung zu setzen, nehmen sie zusammen mit Bhairab ihre Plätze im Wageninneren wieder ein, und die zweihundert Männer werden versuchen, den Wagen weiter durch die Stadt zu ziehen.
Bei vielen Ausländern erregt die scheinbare Vergeudung von Lebensmitteln zu religiösen Zwekken häufig Unmut. Sie argumentieren, Nepal sei das viertärmste Land der Erde, aber bei zahlreichen religiösen Festen werde der Reis gleich tonnenweise in Form von Opfergaben weggeworfen. Aus der Sicht der Nepali aber wird der Reis den Göttern geopfert. Das sichert ihnen die Gunst der Götter in diesem Leben und trägt außerdem noch religiöse Verdienste ein, die sie für ein besseres Leben bei ihrer Wiedergeburt benötigen. Bestimmte Gruppen der Gesellschaft sind außerdem berechtigt, den geopferten Reis zusammenzukehren und für den eigenen Verzehr mit nach Hause zu nehmen.
Bei großen Festen kommt so viel Reis zusammen, daß die Familien, die den geopferten Reis zusammenkehren dürfen, dem betreffenden Tempel für dieses Privileg eine Abgabe entrichten müssen. Nach solchen Festen kann man vor den Häusern der Straßenkehrer und Tempelreiniger Berge von geopfertem Reis sehen, die von den Familienmitgliedern in die sieben Sorten verlesen werden.

Seite 39: Newarfrauen, unterwegs zu den vorgeschriebenen Opferstätten, beobachten gespannt das Bemühen der Männer, den Tempelwagen durch die engen Gassen vorwärtszubewegen.
In der linken Hand halten sie den mit ihrem Schultertuch bedeckten Opferteller.

Seite 40: Erregung kommt in die Menge. Endlich bewegt sich der Prozessionswagen wieder ein kleines Stück weiter.

Seite 41: Die ältesten Söhne erwarten in ihrer Festtagskleidung den Tempelwagen. Die Öllampe vor dem Fenster brennt das ganze Fest über.

Der Ursprung des Bisketfestes ist legendär. Es wird angenommen, daß Bisket sich aus den beiden Newarworten Bi, was Schlange, und Syako, was Schlächter bedeutet, zusammensetzt: das Fest um den Tod zweier Schlangendämonen.
Einst hatte einer der Könige Bhaktapurs eine wunderschöne Tochter, die so von Leidenschaft befallen war, daß sie jede Nacht von einem anderen Mann befriedigt werden mußte. Am nächsten Morgen wurde der jeweilige Liebhaber der Prinzessin tot aufgefunden. Eine Tatsache, die sich schnell herumsprach und Furcht und Schrecken unter der Bevölkerung verbreitete, weil niemand eine Erklärung dafür wußte.
Eines Tages kam ein Prinz aus einem fernen Land durch Bhaktapur und ruhte sich in der Stadt aus. Nachts vernahm er das Weinen und Klagen seiner Gastgeberin und erfuhr, daß deren einziger Sohn in der kommenden Nacht von der Prinzessin erwartet wurde. Er versprach der Frau, anstelle ihres Sohnes in den Palast zu gehen, um die mysteriösen Todesfälle aufzuklären. Als er alle Wünsche der Prinzessin erfüllt hatte, versteckte er sich in ihrem Zimmer. Bald schon sah er aus den Nasenlöchern des schlafenden Mädchens zwei winzige Schlangen kriechen, die sich alsbald in riesige Tiere verwandelten und ungeduldig ihr nächtliches Opfer suchten. Es gelang dem Prinzen, beide Schlangen mit seinem Schwert zu töten, und am nächsten Morgen fanden Klageweiber und Träger, die seinen Leichnam zu holen gekommen waren, den Prinzen im Gespräch mit der Prinzessin vor.
Der Tod der beiden Schlangendämonen sprach sich wie ein Lauffeuer in der Stadt herum. Die Leute strömten zum Palast, um sich bei dem Prinzen zu bedanken und um die toten Dämonen zu besichtigen, die der König an einem großen Pfahl auf dem Platz vor dem Palast hatte aufhängen lassen. Außerdem verfügte der Herrscher, daß von nun an immer am ersten Tag eines neuen Jahres zum Gedenken an diesen Sieg ein Fest mit einer großen Wagenprozession abgehalten werden sollte. In einem hölzernen Tempelwagen sollte die Göttin Bhadra Kali zu dem Platz gefahren werden, wo die Schlangen zu sehen waren, um sich zusammen mit der Bevölkerung der ganzen Stadt über den Tod der beiden Dämonen freuen zu können.
In den ersten Jahren nahm nur Bhadra Kali an dem Fest teil, bis dann eines Tages Kala Bhairab aus Benares in Indien in die Stadt kam, um in Gestalt eines Menschen dem Neujahrsfest beizuwohnen. Die Priester erkannten jedoch in dem Fremdling alsbald Bhairab, den Gott, der die schreckenerregende Seite Shivas verkörpert. Sie wollten ihn unter allen Umständen im Tal festhalten, Bhairab aber versuchte zu entkommen. Er ließ sich in die Erde sinken, um in einem geheimen, unterirdischen Gang zurück nach Benares zu fliehen. Im letzten Augenblick, als er den Gang bereits gefunden hatte, schlugen die Menschen ihm den Kopf ab. Mehr konnten sie von ihm nicht zurückbehalten. Sie bauten einen prächtigen dreistöckigen Bhairabtempel, wo sie seinen Kopf aufbewahrten.
In einem noch größeren Tempelwagen als Bhadra Kali nimmt seither auch Bhairab jedes Jahr am Bisketfest teil. Sein Kopf ist von einer kupfervergoldeten Maske verhüllt und wird von vier Priestern umsorgt.
Zeitlich ist diese Ergänzung des Bisket unter die Herrschaft von Phupatindra Malla einzuordnen, der nach unserer Zeitrechnung von 1696–1722 König von Bhaktapur war. Seit dieser Zeit trifft Bhairab alljährlich während seiner Wagenprozession durch Bhaktapur auf die Göttin Bhadra Kali. Das ursprüngliche Ritual wurde also jetzt durch das im Tantrismus so wichtige Prinzip des Männlichen und Weiblichen bereichert und verdeutlicht. Phupatindra Malla ließ auch den langgestreckten dreistöckigen Tempel für Bhairab errichten. In alten Quellen ist nachzulesen, daß der Gott dem König so viel Ärger bereitete, daß dieser sich deshalb von gelehrten Männern beraten ließ. Sie schlugen vor, im rechten Winkel zum Bhairabtempel eine weitere Pagode zu errichten. So entstand auf einem fünfstöckigen Steinfundament der Nyatapola, der mit seinen fünf Dachgeschossen zum schönsten und höchsten Tempel Bhaktapurs und gleichzeitig ganz Nepals wurde. Diesen Tempel weihte der König einer seiner Hausgöttinnen, deren Namen er streng geheimhielt. Seither verhält sich Bhairab ruhig, weil er eine weibliche Gottheit an seiner Seite hat.
Die Bevölkerung Bhaktapurs glaubt, daß anläßlich des Bisketfestes sämtliche Götter in irgendeiner Form anwesend sind, und besucht deshalb im

Seite 42 und 45: Freiwillige Helfer versuchen den Wagen vorwärtszubewegen. Auf die Richtung, die er einschlägt, haben sie keinen Einfluß, sie wird von den Männern an den Seilen bestimmt.

Verlauf zweier Tage die wichtigsten Tempel der Stadt, um die Gunst der einzelnen Götter für das kommende Jahr zu gewinnen.

Am vierten Tag des Festes wird der zwölf Meter hohe, mächtige Tempelwagen durch eine enge und gewundene Gasse zum Chupin Ghat, einem der rituellen Badeplätze der Stadt, manövriert. Die Spurbreite des Wagens ist so bemessen, daß die übermannshohen Holzräder in den rechts und links an der Straße entlanglaufenden Gräben geführt werden. Diese Gräben dienen auch der Abfall- und Abwasserbeseitigung. Die mächtigen Steinplatten, die die Gräben vor den Hauseingängen jeweils überbrücken, wurden zuvor alle beseitigt, so daß der Wagen freie Fahrt hat. Dennoch benötigt er viele Stunden für die kaum zweihundert Meter lange Strecke. Erst auf dem letzten, abschüssigen Stück des uralten Prozessionsweges wird der Wagen schneller, ächzt und holpert bergab, bis er auf dem Platz inmitten der jubelnden Zuschauer zum Stehen kommt. Erst mit dem Eintreffen des Tempelwagens am Chupin Ghat kann das neue Jahr beginnen. Der Wagen, die Deichsel, die Priester, die Götter Bhairab und Betal werden nun von der riesigen Menschenmenge mit Reis, Blumen und anderen Opfergaben beworfen und überschüttet. Jede Familie in der Stadt opfert hier ein Huhn. Es fließt viel Blut. Nach dem Opfer kehren die Gläubigen mit ihrem Tier, das sie von den Göttern als Dank für das Blutopfer zurückbekommen haben, fröhlich und ausgelassen heim. Den Kopf des Huhnes tragen die Frauen auf ihren Opferschalen. Er wird beim anschließenden Festmahl in einer besonderen Zeremonie unter den acht ältesten männlichen Familienmitgliedern aufgeteilt und verspeist. Die einzelnen Angehörigen sitzen beim Essen in einer langen Reihe am Boden, beginnend mit dem männlichen oder weiblichen Familienoberhaupt. Dann folgen dem Alter entsprechend die männlichen Mitglieder, deren Söhne und schließlich die Töchter. Am Ende der Reihe sitzen die Frauen. Sie bedienen und essen erst anschließend. Gegessen wird mit den Fingern von großen Blättertellern. Danach wird aus kleinen Schalen Reiswein getrunken. Die Newarfrau ißt nur einmal in ihrem Leben gemeinsam mit ihrem Mann und von einem Teller: an ihrem Hochzeitstag.

Am Nachmittag des Neujahrstages wird am Chupin Ghat im Beisein der Götter Bhairab und Bhadra Kali ein etwa dreißig Meter langer Baumstamm als Lingam Shivas aufgestellt. Es ist ein zeitraubendes, unendlich schwieriges Unterfangen, den Mast mittels langer Seile und scherenartig angeordneter Bambusstöcke aufzurichten. Das Lingam ist das Sinnbild für die Schöpferkraft Shivas. Als Symbol der schöpferischen Vereinigung wird es immer mit dem Symbol weiblicher Schöpfungskraft, der Yoni, einer Darstellung des weiblichen Geschlechtsorgans, verbunden. Während des Bisket Jatra wird das Lingam so mächtig als eben möglich dargestellt. Entsprechend ausgedehnt ist die Yoni, die in diesem Fall von der Stadt Bhaktapur selbst, in ihrem ganzen Umfang verkörpert wird. Für 24 Stunden bleibt das Lingam aufgerichtet. In dieser Zeit kommen Menschen aus dem ganzen Tal nach Bhaktapur, um ihre Opfergaben am Lingam niederzulegen. Glücklich und vergnügt bestaunen sie es als die schöpferische Kraft Shivas, aber auch als Symbol des Sieges und des neuen Jahres. Sie begeistern sich an den beiden, von ganz oben herabhängenden, fast bis zum Boden reichenden Fahnen, die an die besiegten Schlangendämonen erinnern. Vergessen sind in diesem Augenblick die Unglücksfälle der vorangegangenen Tage, vergessen scheinen die Sorgen, die man sich um die Zukunft gemacht hat, um Katastrophen, die sich möglicherweise einstellen, wenn die Götter trotz der zahlreichen Opfer noch immer verärgert sind.

Am nächsten Morgen nimmt die Bevölkerung der Stadt am Chupin Ghat ein rituelles Bad. Mit dieser Reinigungszeremonie bereitet sie sich auf die Stadtteilprozessionen sämtlicher Schutzgötter Bhaktapurs vor, die am folgenden Tag stattfinden. Begleitet von den Bewohnern wird der jeweilige Gott durch seinen Stadtteil getragen. Auf diese Weise wird sein Machtbereich nach außen hin abgesteckt, und die Abgrenzungen der einzelnen Stadtteile werden in diesem Ritual deutlich erkennbar. In den 36 Stadtteilen opfern die jeweiligen Bewohner noch einmal mit großer Hingabe ihrem Gott. Es wird ein farbiges und vielseitiges Opfer.

Seite 46: Vier der Priester, die während der Wagenprozession den Gott Bhairab umsorgen.

Seite 47: Bhairabs Bild wird aus seinem Tempel zum Prozessionswagen getragen. Einmal im Jahr zeigt sich der Gott auf diese Weise der Bevölkerung Bhaktapurs. Bei dieser Gelegenheit versuchen die Menschen, ihn durch zahlreiche und üppige Opfer versöhnlich zu stimmen.

Die Bedeutung der einzelnen Opfergaben ist mannigfaltig. Opfert man den Göttern Blumen, so weiht man ihnen sein Gesicht und seine Zeugungskraft. Als Symbol für das eigene Leben gelten Reis und Getreide. Sie sind aber auch die Samen, die vom Menschen zur Erhaltung der eigenen Art verspeiste Lebenskraft der Natur. Das Licht der Butterlampen wird gleichgesetzt mit der Sonne, der Erkenntnis und dem Augenlicht. Mit Räucherwerk opfert der Gläubige den Göttern seinen Geruchssinn. Gleichzeitig weist der Rauch aber auch auf die Auflösung der Materie hin. Die Farbe ›Weiß‹ kennzeichnet das Erhabene, das Unbegreifliche, die Schöpfung. Sie bedeutet gleichzeitig aber auch Trauer und Tod. Rot signalisiert Freude und Glück, steht für die Sonne, für Blut und Leben. Blau ist der sich immer wiederholende Kreislauf von der Geburt zur Wiedergeburt. Grün steht für Barmherzigkeit, bedeutet Gnade. Gelb symbolisiert Reichtum, Schwarz dagegen alles Dämonische, die Zerstörung schlechthin.

Am letzten Tag des Festes kehrt der Tempelwagen zum Taumadhi-Platz zurück, wo er vor dem Bhairabtempel wieder zerlegt und bis zum nächsten Bisket gelagert wird. Noch einmal versuchen dabei die Männer aus der Bauernkaste, die an den Seilen ziehen, den Prozessionswagen möglichst weit in ihr Stadtgebiet zu bringen. Noch einmal tobt der Wettkampf zwischen Ober- und Unterstadt. Die kleinste Unregelmäßigkeit bei einer der Mannschaften wird von der anderen als Provokation angesehen und gibt Anlaß, eine Straßenschlacht zu eröffnen. Sie dient dann den Beteiligten als willkommenes Ventil, um die im Verlauf des Jahres angestauten Aggressionen, die aus der uralten Rivalität zwischen den beiden Stadthälften entstanden sind, lautstark loszuwerden. Die Kämpfe Mann gegen Mann weiten sich meist schnell zu einer allgemeinen Steinschlacht aus, nach deren Beendigung der große Tempelwagen in manchen Jahren dann als Wrack auf dem Taumadhi-Platz zurückbleibt.

Seite 48: Am Bisket Jatra nimmt die Bevölkerung regen Anteil. Wie bei allen großen Stadtfesten wird sich niemand ausschließen. Zu wichtig ist es, bei der persönlichen Begegnung mit Bhairab durch Gebete und Opfergaben den Gott für sich zu gewinnen.

Stadtfeste

sind ein einziger Rausch aus Bewegung, Musik und religiösen Liedern, aus Tanz, Alkohol und Ekstase,
aus Götterbildern, tonnenschweren Tempelwagen und Menschenmassen.
Ein Rausch aus Freude, Anmut und Hektik,
aus Goldschmuck, Opfergaben, Farben,
aus Blutopfern, Masken und blumengeschmückten Priestern,
aus endlosen Prozessionen und magischen Kulthandlungen.
Ein Rausch aus dichtem Gedränge, aus rituellen Bädern und geduldigen Büßern,
aus Nacht, aus Licht, aus Staub.
Ein Rausch aus Ängsten und Gebeten und Hoffnung.
Ein Rausch aus Geschrei und Hemmungslosigkeit,
aus morgendlichem Nebel, aus Sonne und
schwankenden Göttersänften.
Ein Rausch aus gierigen Händen, aus blutverschmierten,
aus betenden Händen.
Ein Rausch aus Fackeln, Butterlampen und einem Lichtermeer.
Ein Rausch für Tausende,
für Zehntausende,
für eine ganze Stadt.

Seite 51: In der Nacht war bei einem Aufprall die Deichsel des Tempelwagens gebrochen. Während der Reparaturarbeiten am Wagen wird das Fest unterbrochen.
Der Unfall bedeutet Unheil für die Stadt, vielleicht sogar für den König. Nur durch zusätzliche, besonders üppige Opfergaben kann der Zorn des Gottes beschwichtigt werden.

Seite 52: An den Festtagen ist die Stadt Tag und Nacht von Musik erfüllt, die ausschließlich religiöse Bedeutung hat.

Seite 53: Am Fortgang der Reparatur des Prozessionswagens nimmt die Bevölkerung genauso interessiert Anteil wie an der Wagenprozession selbst.

Seite 54: Bevor der Gott Betal, der den Tempelwagen beschützt, auf der Wagendeichsel befestigt wird, haben die Bewohner der Stadt Gelegenheit, ihm zu opfern.

Seite 55: Der Gott beansprucht nur das Blut des Opfertieres. Den Körper und den Kopf erhält der Spender als Geschenk zurück.

Seite 56/57: Wo immer es während der Wagenprozession möglich ist, versuchen die Gläubigen, Betal Tieropfer zu bringen oder den Gott wenigstens zu berühren.

Seite 58/59: Wegen der umfangreichen Reparaturarbeiten am Prozessionswagen und der großen Opferfreudigkeit der Bevölkerung trifft der Tempelwagen mit fast eintägiger Verspätung oberhalb der religiösen Badeplätze am Chupin Ghat ein. Nur in Anwesenheit von Bhairab kann der mächtige Baumstamm, der das Lingam Shivas symbolisiert, aufgerichtet werden. Erst mit Vollendung dieser Zeremonie hat das neue Jahr offiziell begonnen.

Seite 60/61: Aus Nagadesh wird der elefantenköpfige Ganesh, Lieblingsgott der Newar, der alle Hindernisse überwinden kann, ins benachbarte Thimi gebracht. Einen Tag nach Neujahr findet hier das Bal Kumari-Fest statt, bei dem die 32 Gottheiten des Dorfes zusammentreffen.

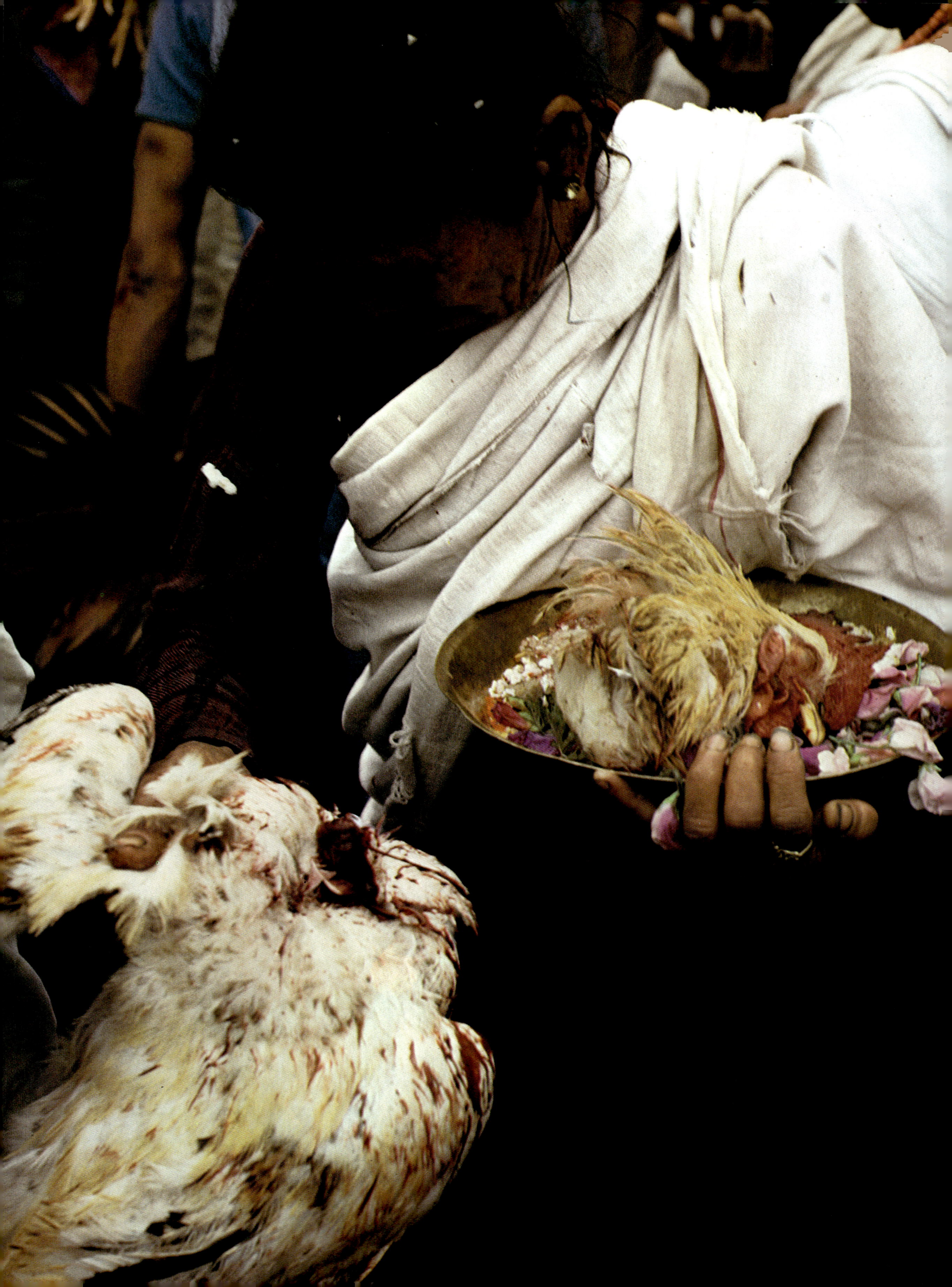

Bal Kumari Jatra

Das Fest der 32 Stadtgottheiten in Thimi

Als jungfräuliche Göttin wird neben den ›lebenden Kumaris‹, die wir in einem späteren Kapitel vorstellen, auch die Gestalt der Bal Kumari verehrt. Es handelt sich dabei um eigentümliche Darstellungen, die in einem Schrein in pagodenähnlichen Tempeln in Thimi, Patan, Myati und Mangalpura aufbewahrt werden.

Die bedeutendste Bal Kumari im Kathmandutal ist in Thimi beheimatet. Inmitten des kleinen Newardorfes bewohnt sie auf dem Hauptplatz einen prachtvollen Tempel. Da sie eine der wichtigsten Gottheiten darstellt, verfügt sie über eigene Priester. Ganz im Gegensatz zu ihr bewohnt die Bal Kumari von Patan einen Tempel, der außerhalb der Stadt liegt und als Treffpunkt von Zauberern gilt. Sie wird nicht von Priestern, sondern von Mitgliedern einer niederen Kaste bedient.

Bal Kumaris sind Inkarnationen der Göttin Taleju in Form von figürlichen Darstellungen. Wie das Bildnis der Bal Kumari von Tashi, einem alten Newardorf im Süden des Tales, nach Thimi gekommen ist, berichtet die Legende. Danach war die Bal Kumari die Stammesgöttin einer Familie aus Tashi. In dieser Familie gab es nur eine Tochter. Diese beschloß nach dem Tod ihrer Eltern, die Göttin in das Haus ihres Mannes nach Bhaktapur zu bringen. Auf dem Weg dorthin krähten, als sie durch Thimi kam, bereits die Hähne. Da setzte sich die junge Frau nieder und ruhte sich aus. Als sie schließlich weitergehen wollte, mußte sie feststellen, daß sie das Bildnis der Göttin nicht mehr aufheben konnte. Dann vernahm sie plötzlich die Stimme der Göttin, die ihr erklärte, daß sie hier, wo sie sich befand, bleiben wollte.

Das jährliche Fest der Bal Kumari von Thimi, das im ganzen Tal als eines der bedeutendsten Neujahrsfeste gilt, findet etwa Mitte April, am Tag des Baisakhvollmondes, statt. An diesem Tag strömen alle Frauen und Mädchen aus Thimi und Umgebung in ihre Festgewänder gehüllt, mit ihrem Goldschmuck behängt, das schwarze Haar eingeölt und mit rotem Pulver geschmückt, in einem nicht enden wollenden Zug auf uralten Prozessionswegen barfuß schrittweise vorwärts. Die Opfergaben tragen sie auf einer Schale vor sich her: Reis, rotes Pulver, Blumen, Selbstgebackenes, kleine Münzen, ein Ei. Ihre Aufgabe ist es, mit den Opfergaben die Bal Kumari gnädig zu stimmen, sie auf das Zusammentreffen mit den 32 Stadtgöttern am folgenden Tag vorzubereiten. Während die Männer deren Tempelsänften reinigen und mit Girlanden schmücken, stehen und gehen die Frauen geduldig viele Stunden, bis sie ihre Gaben persönlich opfern können.

Am Tag nach Neujahr beginnt mit Tagesanbruch eines der farbenprächtigsten Feste. Während der Nacht sind aus allen umliegenden Dörfern die Bewohner nach Thimi aufgebrochen. Jetzt drängen sie auf den Hauptplatz zum Tempel der Bal Kumari. Das Bild der Göttin wurde in der Zwischenzeit von den Priestern aus dem Tempel geholt und in einer mit Girlanden und frischen Blumen reich geschmückten Sänfte auf den Platz vor dem Tempel gestellt. Aus allen Richtungen treffen nun nach und nach kleine Prozessionen auf dem Hauptplatz ein, von denen jede eine tempelförmige Sänfte mit sich führt, in der sich die Figur einer der 32 Stadtgottheiten befindet und die von jeweils sechzehn Männern getragen wird. Jeder dieser Prozessionen geht eine Gruppe von Musikern voraus, die lautstark mit Becken, Zimbeln und mächtigen Trommeln auf das Kommen ihres Gottes aufmerksam machen. Männer aus dem Publikum beginnen zu tanzen. Ekstatisch, in Trance, unter Alkohol. Ihre Bewegungen wirken abgehackt aber rhythmisch. Rotes Pulver fliegt ständig überall durch die Luft, färbt alles ein, macht alles gleich und unwirklich. Rot – die Farbe der Freude, des Glücks, die Farbe des Blutes und des Frühlings.

Tausende von brennenden Fackeln werden durch die Straßen getragen, in der Hoffnung, daß ihre Wärme den Winter vertreibt. Frauen und kleine Kinder bleiben diesem Trubel fern, drängen sich aber an den Fenstern der Häuser oder bevölkern die Dächer. Aus sicherer Entfernung werfen sie Blumen, Farbe, Reis und Gebete unter die Götter. Der Platz faßt schon längst keine Menschen mehr, aber immer neue Prozessionen drängen nach. Wellenartig bewegt der Druck sich fort über den Platz, trifft auf eine andere, mächtigere Welle und kommt zurück. In wildem Lauf versuchen die Träger der einzelnen Gottheiten den Tempel der Bal Kumari zu umrunden, bohren sich in die Menge, wanken seitwärts, rückwärts. Die Menschen in ihrer Nähe haben Angst, versuchen zu fliehen, drücken dagegen. Überall Panik und dann befreites Lachen, wenn der Gott ein paar Meter weitergekommen ist.

Seite 62: Nach den Vorstellungen der Bewohner vertreibt die Wärme der zahlreichen Fackeln die winterliche Kälte.

Wenn alle 32 Stadtgottheiten in ihren Sänften, begleitet von bunten, sich ständig in Drehung befindlichen Zeremonienschirmen, zusammengekommen sind, trifft Ganesh, der elefantenköpfige Gott des Glücks und des Reichtums, aus dem benachbarten Dorf Nagadesh in Thimi ein. Mit großem Gefolge drängt auch er noch auf den Hauptplatz und wird von den 32 Göttern willkommen geheißen. Dann, plötzlich, greifen sie ihn an, drängen ihn ab und versuchen, seine Rückkehr nach Nagadesh zu verhindern. Doch schließlich gelingt ihm im allgemeinen Trubel die Flucht. Diesen Moment nutzen die Träger der Tempelsänfte mit der Bal Kumari und versuchen ihrerseits, in den Tempel der Taleju einzudringen. Mit allen Mitteln versuchen die 32 Stadtgötter die Bal Kumari am Betreten dieses Tempels zu hindern, denn wenn es ihr gelingt, ist das Fest zu Ende, und die 32 Götter müssen in ihre jeweiligen Stadtteile zurückkehren. Prozessionsführer, Astrologen und Priester verfolgen das Geschehen genau. Sie geben Anweisungen, deuten Vorkommnisse, sprechen Gebete, opfern, fällen blitzschnell Entscheidungen, besprechen sich mit ihren Helfern, steuern den turbulenten Ablauf so gut wie möglich. Vor dem Tempel der Bal Kumari brennt während des ganzen Festes eine Fackel mit vier Dochten. Tempelwächter haben sie ständig im Auge, gießen Öl nach, schützen sie vor der tobenden Menge. Sollte sie nämlich erlöschen, trifft den König und das ganze Volk ein großes Unglück. An der Stelle vor dem Tempel der Bal Kumari, wo heute eine schwarze Ziege geschlachtet wird, sollen früher Menschen geopfert worden sein. Dicht daneben steht auf einer hohen Säule ein herrlich gearbeiteter Pfau. Diesem Pfau warf früher der Oberpriester eine Handvoll Reis zu. Daraufhin soll er aufgeflogen sein, um denjenigen in der Menge zu bestimmen, der geopfert werden sollte.

Das Fleisch der geschlachteten Ziege wird in kleinen Teilen als Geschenk der Göttin an diejenigen verteilt, die gekommen sind, sie zu verehren. Dieses Stückchen Fleisch wird zu Hause aufbewahrt, da es als Medizin gegen tödliche Kinderkrankheiten gilt. Alle anderen der Bal Kumari geopferten Gaben werden als wirksame Mittel gegen Durchfall, Triefaugen, Entzündungen und Nasenbluten angesehen.

Hat sich die Bal Kumari endlich Zutritt zum Tempel der Taleju verschafft und hat sich das Treffen der 32 Stadtgottheiten von Thimi danach aufgelöst, wird in etwas kleinerem Ausmaß dieselbe Zeremonie am Nachmittag mit sieben Stadtgöttern im benachbarten Bodegaon wiederholt.

Das Fest der Bal Kumari ist eines jener Stadtrituale, an denen die gesamte Bevölkerung teilnimmt. Sämtliche im Verlauf des Festes anfallenden Aufgaben sind auf einzelne Gruppen verteilt, die für deren Durchführung verantwortlich sind; damit wird der richtige Ablauf gesichert.

Indem die Stadtgottheiten in ihren Sänften die einzelnen Stadtteile begehen, die Stadtgrenzen abschreiten und den Stadtkern durchqueren, wird die Einheit des geweihten menschlichen Siedlungsbereiches aufgezeigt und sein Bestehen gleichzeitig erneuert und für ein weiteres Jahr als gesichert unter Beweis gestellt. Die Schutzfunktion jeder einzelnen Gottheit geht somit wieder über den Stadtteil, in dem sie ansässig ist und verehrt wird, hinaus und umschließt die Stadt in ihrer gesamten Ausdehnung. Die ständige Bedrohung durch böse Mächte und unheilvolle Dämonen macht es notwendig, daß sich die Bevölkerung in ihrer Gesamtheit unter den Schutz der 32 Stadtgötter stellt, und deshalb ist dieses alljährliche Erneuerungsritual für die Bewohner von Thimi auch so überaus wichtig.

Seite 65: Jede der 32 Stadtgottheiten wird von Musikanten begleitet, die innerhalb der nepalischen Kastenhierarchie eine untergeordnete Gruppe vertreten und wie die Träger, Leichenverbrenner, Schneider oder Schlachter als Unreine gelten. Angehörige höherer Kasten dürfen von ihnen kein Wasser annehmen, da sie dann selbst unrein werden. Um sich von diesem Makel zu befreien, wären zahlreiche rituelle Waschungen erforderlich.

Seite 66: Der spontane Entschluß eines Gläubigen, sich ganz der Musik hinzugeben und sich in einen tranceähnlichen Zustand zu tanzen, wird von den Umstehenden mit Beifall und viel roter Farbe bedacht.

Seite 67: Auf zwei Bambusrohren ruht eine der Tempelsänften, zu deren Fortbewegung sechzehn Träger benötigt werden. Die pagodenförmigen Tempel wurden aus Holz geschnitzt, und die Dächer sind mit dünner Goldbronze belegt.

Seite 68: In einer der Tempelsänften steht die goldüberzogene Statue von Ganesh, dem elefantenköpfigen Lieblingsgott der Newar, der Reichtum bringt und alle Hindernisse beseitigt. Da jeder Gläubige nach seinem Opfer das Bild des Gottes berühren möchte, herrscht an seiner Sänfte ein besonders starkes Gedränge.

Seite 69: Eine der 32 Stadtgottheiten trifft auf dem Platz vor dem Bal Kumari-Tempel ein. Im Zentrum des Platzes halten sich bei diesem Gedränge jetzt nur noch die Männer auf. Frauen und Kinder stehen am Rande, wo es weit weniger gefährlich zugeht.

श्री

Teej Brata

Das Fest der Frauen

Einst fastete Parvati, die Tochter des Gottes Himal, in der großen Einsamkeit der Berge. Sie betete zu Shiva und flehte ihn an, ihr Gemahl zu werden.
Als Shiva auf sie aufmerksam wurde, war er zutiefst beeindruckt von ihrer Frömmigkeit und Ergebenheit. Er kam ihrem Wunsch nach und nahm sie zur Frau.
In tiefer Dankbarkeit gelobte Parvati Shiva, das religiöse Fasten allen Frauen auf der Erde ans Herz zu legen. Sie machte ihr Versprechen wahr und prophezeite allen, die am Fasten teilnehmen, eine große Anzahl von Kindern. Außerdem sollten alle bis an ihr Lebensende mit ihrem Mann in Glück und Frieden zusammen sein können.
Heute wird das Teejfasten von allen verheirateten Hindufrauen und allen Mädchen, die in die Pubertät gekommen sind, befolgt. An den drei Tagen des Teejfestes feiern ausschließlich die Frauen, es ist ihr großes alljährliches Fest. Am ersten Tag bereiten sich die Frauen ein geradezu lukullisches Mahl. Traditionsgemäß muß der Ehemann die Kosten für dieses Essen bestreiten. Und in Großfamilien, die überwiegend aus weiblichen Mitgliedern bestehen, sind sie dementsprechend hoch. So müssen oft die im Haus gelagerten Vorräte angegriffen werden, oder der Ehemann muß einen Kredit aufnehmen. Auch Wertgegenstände wechseln beim Teejfest oft ihren Besitzer.
Das Essen besteht aus mehreren Reisgerichten, zu denen Schaffleisch, Huhn und Fisch gereicht werden. Allerlei Gemüsesorten, Chutney, Eier und diverse Früchte gehören ebenso dazu wie die zahlreichen Süßigkeiten, die in abenteuerlich leuchtenden Farben teilweise selbst gebacken, teilweise aber auch beim Zuckerbäcker erworben werden. Verheirateten Töchtern, die nicht mehr zu Hause wohnen, muß die Mutter die ihnen zustehenden Portionen ins neue Haus bringen. So sieht man denn am Nachmittag Scharen von festlich gekleideten Frauen mit Geschenkkörben unterwegs auf den Straßen. Neben den Speisen befinden sich meist noch bunte Glasarmreifen und rote, silber- oder goldfarbige Haarbänder in den Körben.
Gegen Abend beginnt dann in jedem Haus das Festgelage der Frauen, das um Mitternacht zu Ende sein muß. Der zweite Tag des Teejfestes ist ein absoluter Fastentag zu Ehren des Ehemannes. Es ist der wichtigste Tag überhaupt, und viele traditionsbewußte und strenggläubige Frauen vermeiden sogar, ihren eigenen Speichel zu schlukken. Die Regeln, nach denen das Fest begangen werden muß, wurden der Legende nach von der Göttin Parvati in einem Buch überliefert. Kann eine Frau aus gesundheitlichen Gründen nicht am Fasten teilnehmen, muß sie einen Priester verpflichten, der dann stellvertretend für sie fastet. Alle Arbeiten im Haus und die Betreuung der Kinder werden an diesem Tag von den männlichen Familienmitgliedern erledigt.
Die Frauen verbringen diesen zweiten Tag in Pashupatinath, östlich von Kathmandu, dem größten Hinduheiligtum in Nepal, dessen Grün-

Seite 70/71: Musik und Alkohol spielen bei den Festen eine entscheidende Rolle, sind Teil der religiösen Zeremonien. Durch sie gerät der Gläubige in Ekstase, wird er in Trance versetzt.

Seite 72: Auch die Fackelträger, die die Göttersänften auf ihrem Weg durch das Dorf begleiten, ziehen sich vor dem Tempel der Bal Kumari in die hinteren Reihen zurück, damit das Feuer ihrer Fackeln im wilden Gedränge nicht vorzeitig ausgeht oder gar Schaden anrichtet.

Seite 73: Wilde Hingabe für den Gott, Inbrunst und Trance bestimmen im Laufe des Tages immer mehr den Ablauf des Festes. Durch sein Verhalten will der Gläubige seinen Gott auf sich aufmerksam machen und religiöse Verdienste für sich erwerben.

Seite 74/75: Priester, Astrologen und Helfer beobachten die einzelnen Abläufe sehr genau. Einem Orakel gleich deuten sie Verhaltensweisen der einzelnen Götter, vor allem aber der Bal Kumari. Entsprechend geben sie Anordnungen und leiten das hektische Geschehen.

Seite 76/77: In dem Thimi benachbarten Dorf Bodegaon stoßen Priester einem in Trance befindlichen Gläubigen eine Klinge durch die Zunge, ohne daß Blut fließt. Mit einem Fackelbaum auf der Schulter wird er so das Dorf durchschreiten, um dann in einem Tempel die Klinge neben diejenigen der vergangenen Jahre an die Wand zu heften.

Seite 78: Jeder Gott wird von einer eigenen Musikgruppe begleitet. Eine Gottheit bleibt beim Auszug der Götter am Rande des Dorfes zurück, damit das Dorf nicht schutzlos sich selbst überlassen bleibt.

Seite 79: Auch wenn die Götter schon längst wieder in ihre Tempel zurückgekehrt sind, musizieren an diesem Festtag überall im Dorf noch kleine Musikantengruppen. Ihr Spiel gilt aber nicht der Unterhaltung, sondern ist einzig für die Götter bestimmt.

Seite 80: Die ersten schweren Wolken hängen über dem Kathmandutal und kündigen die Regenzeit an. Der Reis ist gepflanzt, und allein der Monsun entscheidet über eine gute oder schlechte Ernte.

Seite 81: Der Talboden ist ungemein fruchtbar. In den Wintermonaten – der Nachmonsunzeit – werden deshalb nach der Reisernte Getreide und Gemüse angebaut.

Seite 82/83: Am Neujahrstag statten alle Frauen und Mädchen des Newardorfes Thimi dem Tempel der Bal Kumari, der bedeutendsten Göttin im Dorf, einen Besuch ab. Auf den Opfertellern liegen die Geschenke für die Göttin, meist bunte, selbstgebackene Reisfladen.

dung im 3. Jahrhundert n. Chr. dem König Pashupreksha zugeschrieben wird. Den ersten Tempel weihte dieser König seinem Schutzgott Shiva und nannte ihn, offensichtlich in Anlehnung an seinen eigenen Namen, Pashupati. Die nachfolgenden Herrscher ergänzten, erneuerten und erweiterten den heiligen Bezirk. Etwa seit dem 14. Jahrhundert galt die Bauform des Haupttempels in Pashupatinath als vorbildlich und verbindlich für alle weiteren Tempelbauten im Kathmandutal. Der heute weit ausgedehnte Tempelbezirk wird bei ihrem Fest von Tausenden von Frauen aufgesucht. Sie sind in ihre roten Hochzeitssaris gehüllt, tragen ihren Gold- und Silberschmuck, haben die Haare mit bunten Schnüren zusammengebunden. Reis, rotes Pulver und Blumen sind weiteres schmückendes Beiwerk. Die Frauen wirken sehr gelöst, sind fröhlich und lachen. Auf kleinen Trommeln schlagen sie Rhythmen, singen und tanzen danach. Alle strömen die breiten Steintreppen zum Bagmatifluß hinunter. Hier waschen sie sich die Hände im heiligen Wasser, spritzen sich Wasser auf den Kopf und in den Mund; manche tauchen in ihren mitgebrachten Badesaris sogar ganz in den heiligen Fluten unter und vollziehen so die große zeremonielle Reinigung, bevor sie den goldbedachten Shivatempel betreten, zu dem nur Hindus Zutritt haben. Hier steht der berühmte Shiva-Lingam-Stein, das heilige Phallussymbol, das Shiva persönlich darstellt. Ihm gilt das erste Opfer der Frauen. Sie bewerfen das Lingam mit Reis, Geldmünzen, Blumen und Girlanden. Gebete und fromme Wünsche kreisen einzig um das Wohlergehen des Ehemannes, um seine Gesundheit, seine Treue, seinen beruflichen Aufstieg. Die unverheirateten Mädchen sind genauso opferfreudig und geben lautstark ihrem Wunsch nach einer baldigen Heirat mit einem Mann voller guter Eigenschaften Ausdruck.

Nach dem Opfer am großen Shiva-Lingam folgen die Frauen einem vorgeschriebenen Weg durch eine Galerie von 108 kleineren Shiva-Lingams. Dazwischen sitzen immer wieder Brahmanenpriester, die die Geschichte von Parvatis heiligem Fest vorlesen. Erst wenn sie diesen Lingampfad durchschritten haben, sind die Frauen berechtigt, die eigens für diesen Teej-Fastentag vorgeschriebene Puja zu vollziehen. Das mehrere Stunden dauernde Opfer wird vor einer der vielen geschnitzten oder in Stein gehauenen Darstellungen des göttlichen Paares in Pashupatinath dargebracht. Bei dieser Puja wird die Gunst Shivas und Parvatis für den eigenen Mann erfleht, so wie auch das Fasten nur den einen Zweck verfolgt, die Götter für den Ehemann gnädig zu stimmen. 108 Reiskörner, 108 Blumenblätter und 108 Fruchtstückchen, Opfergaben für Shiva und Parvati, müssen im Verlauf der Puja von den Frauen selbst oder von einem Priester ausgezählt werden.

In aller Frühe am Morgen des dritten Teejtages überreicht jede Frau ihrem Mann eine kleine Mahlzeit, die sie zuvor den beiden Gottheiten geopfert hat. Meist handelt es sich dabei um eine Banane oder eine andere Frucht. Dann wird sie mit ihrer Stirne seine bloßen Füße berühren, wird sie waschen und anschließend das Wasser, das jetzt als geheiligte Flüssigkeit angesehen wird, trinken. Wie alle religiösen Zeremonien ist auch dieses morgendliche Ritual Teil einer Puja. Danach macht sich die Frau auf den Weg zum Tekudhobantempel, in dessen unmittelbarer Nähe im Süden Kathmandus die beiden heiligen Flüsse Bagmati und Vishnumati sich vereinigen. Diese Stelle gilt als ganz besonders geheiligter Platz.

Parvatis genaue Anleitungen, wie das Teejfest zu feiern sei, schreiben vor, daß die Frauen sich mit dem roten Lehmboden, der an den Wurzeln des heiligen Dativanbusches gefunden wird, an 360 Stellen ihres Körpers einreiben. Danach müssen die Haare gewaschen werden, und anschließend benetzen sie sich mit 360 Blättern der Dativanpflanze 360mal. Genau 360mal bürsten sie auch ihre Zähne an diesem Morgen mit einem kleinen Ast dieses Strauches. Diese umfangreiche Zeremonie ist der Göttin Parvati gewidmet. So, wie sie selbst einst durch diese rituellen Handlungen ihren Körper und ihre Seele für ihren göttlichen Gemahl gereinigt hat, waschen sich heute die Frauen von allen Sünden frei, die sie tatsächlich oder nur in Gedanken im vergangenen Jahr begangen haben. Darunter fallen auch diejenigen, die sie bewußt oder unbewußt während der Monatsregel begangen haben. Mit diesem dritten

Seite 84 und 87: An diesem Festtag tragen die Frauen den Familienschmuck. Goldene Ohrringe, Armreifen, Halsketten, Nasenringe und silberne Fußreifen dokumentieren den Reichtum der einzelnen Familien.

Seite 88/89: Das rote Farbpulver auf dem tiefschwarzen Haar gilt als schmückendes Beiwerk. Die Frau auf dem linken Bild ist noch unverheiratet. Verheiratete müssen ihren Scheitel mit rotem Pulver bestreuen (rechts).

Tag geht das Teejfest zu Ende, und die Frauen kehren zurück in ihre Familien, in den Alltag.

Sehen wir uns diesen Alltag einmal etwas näher an: Das Heiratsalter für Mädchen ist in Nepal offiziell auf 16, für junge Männer auf 18 Jahre festgelegt. Wo der Arm des Gesetzes nicht hinreicht, werden auch heute noch Kinderehen geschlossen, da der Wunsch nach religiösem Verdienst oft stärker ist als das Gesetz. Und es gilt als verdienstvoll, wenn ein Mädchen vor der ersten Menstruation verheiratet wird, was nicht heißt, daß es dann bereits mit ihrem Mann zusammenlebt. Noch heute werden im Durchschnitt achtzig Prozent aller Ehen durch Vermittlung der Eltern geschlossen. Mehr und mehr junge Leute haben jedoch – besonders in den Städten – Gelegenheit, sich vor der Heirat wenigstens zu sehen und, wenn sie sehr liberale Eltern haben, sogar zu sprechen.

Alle Newarmädchen werden etwa im Alter von sechs Jahren mit dem Gott Vishnu in Gestalt der Baelfrucht, die dem Granatapfel gleicht, verheiratet. Diese Verbindung bleibt ihr Leben lang bestehen, da ein Gott unsterblich ist. So können sie, wenn ihr irdischer Mann vor ihnen stirbt, nie Witwen werden. Aus diesem Grund gab es bei den Newar in Nepal auch nie die Witwenverbrennung, wie sie bis vor kurzem bei den Hindus in Indien üblich war. Wie sehr diese Tradition auch heute noch gepflegt wird, haben die beiden letzten Volkszählungen gezeigt: In den Newardörfern im Kathmandutal gab es keine einzige Witwe.

Nach dem Glauben der Newar kann der traditionelle Heiratsritus nur einmal im Leben vollzogen werden. Nach der formellen Verheiratung der Mädchen mit der Baelfrucht gilt diese Eheschließung folglich als endgültig. Eine spätere Verheiratung mit einem Mann wird deshalb als Bund angesehen, den jede Partei wieder lösen kann. Diese Einstellung zur Ehe findet sich im Kathmandutal allerdings nur bei den Newar.

Ist eine Nepali schwanger, wird sie niemals sagen, im wievielten Monat. Die Angst vor einem bösen Geist, der bei der Geburt auf die Seele des Kindes wartet, ist zu groß. Die Schwangerschaft dauert für Nepali zehn Monate. In dieser Zeit darf der Ehemann keine Tiere töten, weder Tiere zum Essen noch Opfertiere. Als Schwangere soll eine Nepali keinen Shivatempel besuchen und keinem Tieropfer beiwohnen. Nach dem sechsten Schwangerschaftsmonat soll sie keinen Fluß mehr überqueren, und während einer Sonnen- oder Mondfinsternis darf sie das Haus nicht verlassen, da ihr Kind sonst schwarze Hautflecken oder sogar Deformationen bekommen wird. All diese Regeln werden heute noch – auch in den Städten – befolgt.

Hat eine Frau geboren, bleibt sie, je nach Kaste, zwischen drei und elf Tagen unrein. Sie lebt dann getrennt von der übrigen Familie, ißt alleine und nur das, was dem Kind durch die Milch nicht schaden kann. Sie darf nicht berührt werden und darf auch selbst niemanden berühren. Eine Wöchnerin ist erst von dem Augenblick an unrein, wenn die Nachgeburt vom Kind getrennt wurde. Ein Fest, beispielsweise eine Hochzeit, kann nicht in einem Haus stattfinden, in dem sich eine unreine Frau aufhält. Da Hochzeiten meistens sehr lange im voraus durch den Astrologen festgelegt werden, gibt es Komplikationen, wenn in eben diesen Tagen eine Frau ein Kind gebiert.

Die traditionsbewußte Newarfrau steht Sommer wie Winter um fünf Uhr auf. Als erstes wischt sie das Haus vom Dachstock bis zur Haustüre. Dann geht sie zum Brunnen, der außerhalb des Hauses liegt, und füllt dort ein Gefäß, in welches nur Wasser für den Pujaraum kommt. Von diesem Augenblick an macht sie durch Rufe ständig auf sich aufmerksam, denn mit dem heiligen Wasser in der Hand darf sie nicht berührt werden. Im höchstgelegenen Raum des Hauses stellt sie das Wassergefäß ab und verrichtet vor einer Anzahl Göttinnen und Götter eine Puja. Anschließend weckt sie ihren Mann, berührt mit ihrer Stirne seine Füße und vollbringt auch vor ihm eine kleine Puja. Sehr traditionsbewußte Frauen besprengen die Füße ihres Mannes mit Wasser und benetzen damit ihre Lippen. Fortschrittlichere tun dies nur noch einmal im Jahr, am Teejfest.

Seite 90: Den Frauen obliegt der tägliche Opfergang zu Tempeln und Götterbildern. Am frühen Morgen bestimmen sie das feierliche Bild an den Opferplätzen.

Seite 91: Die Frauen verehren nicht nur Tempel und Götterbilder, sondern oft auch unscheinbare Steine auf der Straße. Solche Steine werden bei Unfruchtbarkeit, Leibschmerzen und verschiedenen anderen Krankheiten oder nach einem Todesfall in der Familie aufgesucht. Im Augenblick des Opfers sind sie ein heiliger Ort, danach wieder Teil der Straße.

Seite 92/93: Vor den Opferstätten stehen Frauen und Männer in getrennten Schlangen. Dicht aneinandergedrängt suchen sie Körperkontakt.

Nach dem morgendlichen Tee, den die Frau an alle Familienmitglieder verteilt, besucht sie dienstags und samstags einen Ganeshtempel und sonntags den Tempel einer tantrischen Gottheit, der Göttin Annapurna. Sie trägt das übliche Pujagefäß mit sich, einen Teller, auf dem sich als Opfergaben Reis, ein Ei, Blumen, Zinnoberfarbe, ein kleines Gefäß mit Wasser, Weihrauchstäbchen und ein brennender Docht befinden. Vom Tempel bringt sie Prasad zurück, das sie zusammen mit der Tika an alle Familienangehörigen verteilt. Damit hat die Frau ihre täglichen religiösen Pflichten erfüllt. Erst am Abend dann, wenn im Haus das erste Licht angezündet wird, legt sie mit den übrigen Angehörigen die Hände zum Gruß an die Lichtgöttin Lakshmi zusammen. An den vier Tagen ihrer Monatsregel darf die Frau weder Wasser berühren noch Reis kochen oder einen Tempel besuchen. Über dieses Geschehen ist jedermann in der Familie orientiert. Ein anderes weibliches Familienmitglied wird ihre Aufgaben in diesen Tagen übernehmen.

Manchmal noch zu Lebzeiten des Ehemannes, in der Regel aber erst nach seinem Tod, übernimmt die Frau die Herrschaft über den Familienclan. Großfamilien bestehen oft aus fünfzig Mitgliedern und mehr. Sie alle werden dann ›regiert‹ von einer wahren Groß-Mutter. In unteren sozialen Schichten ist eine Schwiegertochter eine willkommene Arbeitskraft, und es ist Sache der jungen Frau, sich im Haushalt der Großfamilie zu behaupten. Unterwürfigkeit gegen die Schwiegermutter ist gefordert, doch kann sich eine junge Frau uneingestandenen Respekt verschaffen durch gute Haushaltskenntnisse, durch harte Mitarbeit auf den Feldern, durch ihre Sorge, die sie den Alten und den Kleinkindern im Haus entgegenbringt. Vor allem aber muß sie gut für ihren Mann sorgen, der mit der Eheschließung zu ihrem persönlichen Gott geworden ist. Man erwartet von ihr Kinder; die Geburt eines Sohnes würde ihre Stellung innerhalb der Großfamilie festigen. Aber was geschieht, wenn der jungen Frau keine Söhne geboren werden? Die Familie kann dann einen Jungen adoptieren, oder die Söhne eines Bruders treten an die Stelle eigener Söhne. Als letztmöglicher Ausweg kann ein Brahmin verpflichtet werden, der alle Riten, die von Söhnen ausgeführt werden müssen, an ihrer Stelle vollzieht, dafür aber relativ hoch bezahlt werden muß. In einer Großfamilie übergibt jeder, der Bargeld verdient, seinen Lohn dem Familienoberhaupt. Benötigt jemand Geld für Kleidung oder irgendwelche Vergnügungen, muß das Oberhaupt des Clans darum gebeten werden. Dieser Brauch führt heute immer häufiger zur Spaltung der Familien. Ein Familienmitglied mit relativ hohem Lohn will sich nicht mehr unbedingt mit so geringen Summen begnügen wie derjenige, der nichts arbeitet. So beschließt man dann, die Großfamilie zu verlassen und einen eigenen Hausstand zu gründen. Das bringt natürlich harte Zeiten mit sich. Die Großfamilie gab Schutz und wirtschaftliche Sicherheit. Eine Schwiegertochter, die in der Großfamilie weiterstudieren oder einem eigenen Verdienst nachgehen konnte, ist nun durch die Kinder an das Haus gebunden: Es gibt keine Großmutter, keine Tanten und Schwägerinnen mehr, die die Aufsicht über die Kinder übernehmen. Die Stellung einer Frau innerhalb der Großfamilie hängt vor allem von ihr selbst ab. Ist sie eine starke und diplomatische Persönlichkeit, kann sie sich auch neben einer dominierenden Schwiegermutter behaupten. Die politischen Rechte der Frauen, auch das Recht auf Scheidung, sind im Muluki Ain von 1963 verankert. Gemäß Regierungsvorschrift muß in jedem Gemeinderat auch eine Frau sitzen. Im jetzigen Parlament sitzen drei gewählte Frauen, und zwei weitere sind vom König eingesetzt worden. Eine Frau hat Ministerrang.

Frauen aus den unteren sozialen Schichten müssen auch heute noch sehr um ihre Rechte kämpfen, wenn es um Scheidung geht, um die Zahlung von Alimenten oder um ihre Stellung in der Familie. In den Gerichten nämlich sitzen nur Männer.

Seite 94 und 97: Vornehmlich in Rot gekleidete Frauen und Mädchen bestimmen in den Tagen des Teejfestes das Bild in den Straßen Kathmandus und an den heiligen Stätten in Pashupatinath.

Seite 98/99: Vor dem Besuch des großen Lingam im Shivatempel von Pashupatinath nehmen die Frauen ein zeremonielles, reinigendes Bad im heiligen Wasser der Bagmati. Der Zutritt zu diesem Tempel ist nur Hindus gestattet.

Seite 100: Brautpaare werden heute nur noch in unwegsamen Gebirgsgegenden mit der Sänfte getragen. Im Kathmandutal verschiebt man die Feierlichkeiten lieber um ein Jahr, bis die Familie das Geld für einen Leihwagen aufgebracht hat.

Seite 101: Das offizielle Heiratsalter für Mädchen ist 16 Jahre. Trotzdem werden nach wie vor viele Kinderehen geschlossen, da es als religiöses Verdienst gilt, wenn die Mädchen vor ihrer ersten Menstruation verheiratet werden. Achtzig Prozent aller Ehen werden auch heute noch durch Vermittlung geschlossen.

Der Kumarikult

Die geheimnisvolle Macht der lebenden Göttin

Zum Programm jedes Nepalreisenden gehört auch der Besuch des 1760 erbauten Kumari Chowk in Kathmandu. Das prachtvolle Gebäude am Basantapur-Platz gegenüber dem ehemaligen königlichen Palast dient der jeweils amtierenden ›lebenden Göttin‹ als Wohnsitz. Wer Glück hat, kann sie für kurze Zeit sehen, wenn sie sich am Erkerfenster des ersten Stockes Gläubigen oder auch Touristen zeigt. An ihrem roten Kleid, das sie ständig tragen muß, ist sie leicht zu erkennen. Ihr Haar muß immer pagodenförmig nach oben gebunden sein, und auf der Stirn trägt sie das dritte Auge der Weisheit.

Die Anfänge des Kumarikultes in Nepal reichen bis in das 13. Jahrhundert zurück. Ein entscheidendes Ereignis in der Entwicklung des Kultes fand 1323 statt, als Hara Singh Deva, ein König aus Nordindien, auf der Flucht nach Nepal seine Familiengöttin Taleju Bhavani mitbrachte. Hara Singh Deva soll bald darauf König von Bhaktapur geworden sein und damit Taleju Bhavani regierende Göttin der Stadt. Noch heute ist Taleju die wichtigste Göttin der nepalischen Könige und die Beschützerin des Kathmandutales.

Kumari werden als Inkarnation der Göttin Taleju angesehen. Sie besitzen entsprechende Macht und genießen höchste Verehrung durch die Bevölkerung. Wie es zu dieser Inkarnation kam, berichtet die Legende: »Vor mehr als zweihundert Jahren, als Nepal noch aus mehreren selbständigen Königreichen bestand, besuchte die Göttin Taleju manchmal einen dieser Könige. Dann unterhielten sie sich und spielten Tripasa, ein altes Würfelspiel. Eines Tages aber verliebte der König sich in die Göttin, und von diesem Tag an besuchte die Göttin ihn nie wieder. Sie erschien ihm aber noch einmal im Traum und befahl ihm, ein kleines Mädchen aus der Sakya, der Kaste der Goldschmiede, auszuwählen. Im reinen Körper dieses Mädchens werde die Göttin sich künftig aufhalten: ›Bete sie als Kumari an‹, befahl Taleju dem König, ›denn wenn du sie anbetest, betest du mich an!‹« Im Laufe der Zeit übernahmen auch die anderen nepalischen Könige den Kumarikult. Heute ist Nepal ein vereinigtes Königreich. Der König residiert in Kathmandu und verehrt seine persönliche, die ›königliche‹ Kumari, aber er respektiert auch die Existenz anderer Kumaris.

Derzeit (bei Erscheinen des Buches) gibt es in Nepal acht Kumaris: in Kathmandu die ›lebende‹, die vom König und dem ganzen Volk verehrt wird; die Kilagar-Kumari wird in erster Linie von den Bauern angebetet; der Hawbaha-Kumari in Patan huldigt die ganze Stadt; die Ekanta-Kumari in Bhaktapur wird vom Großteil der Bevölkerung vor allem während des Durga Puja verehrt; sie steht außerdem auf Bitten jederzeit auch privaten Interessenten zur Verfügung; die Wala Lakhu-Kumari wird nur an einem Tag des Durga Puja von ihrem Vater durch die Stadt getragen, damit die Bevölkerung ihr opfern kann; die Tebuk-Kumari wird ebenfalls nur während des Durga Puja und in erster Linie von den Bauern in der Gegend von Tebuk verehrt; die Bungamati-Kumari besitzt höchstes Ansehen in ihrem Dorf und in weiten Teilen des Tales. Sie steht in enger Verbindung mit dem roten Machhendranath, dem Gott des Regens und der Fruchtbarkeit, dessen Bild die eine Hälfte des Jahres in einem Tempel in Bungamati, die andere Hälfte in der Nachbarstadt Patan aufbewahrt und angebetet wird; der Chabahi-Kumari wurde früher von den Königen Devapatans, das heute ein Stadtteil Kathmandus ist, gehuldigt. Heute beschränkt sich ihre Anhängerschaft vor allem auf die Mitglieder ihres eigenen Bahis, eines Klosters, in dem man sie verehrt.

Neben den genannten ›lebenden Göttinnen‹ werden zu bestimmten Anlässen in verschiedenen Dörfern des Tales auch Gruppenkumaris gebildet und kollektiv angebetet. Eine als Gruppe verehrte Kumari besteht in der Regel aus neun kleinen Mädchen und zwei Knaben. Nach einem gemeinsamen Essen vollziehen Priester die Verehrung und Anbetung der Gruppenkumari. Nach dieser feierlichen Zeremonie, die im Innern eines Klosters stattfindet, löst die Gruppe sich wieder auf.

An besonderen Festen treten die Kumaris auch in der Öffentlichkeit auf. Das bedeutendste Fest, bei dem sich die große königliche Kumari zeigt, ist das Indra oder Kumari Jatra.

An den drei Tagen ihres Festes zeigt sich die königliche Kumari und nimmt, auf einem riesigen Tempelwagen thronend, an einer großen Prozession teil. In der letzten Nacht des Festes besucht der König die Kumari in ihrem Palast. Dies ist keine Höflichkeitsgeste, sondern ein Beweis dafür, daß er keine Macht über sie hat. Durch diesen

Seite 102: Die (im Oktober 1979 eingesetzte) königliche Kumari auf dem Weg zum Pferderennen anläßlich des Ghora Jatra. Es ist einer der fünf Tage, an denen sie sich in der Öffentlichkeit zeigen darf und ihren Palast (im Hintergrund) verläßt.

Besuch wird der König von der Kumari für ein weiteres Jahr in seiner Legitimität bestätigt.
Um Kumari werden zu können, müssen die zur Wahl stehenden Mädchen, meist im Alter zwischen drei und vier Jahren, zunächst eine Reihe von Voraussetzungen erfüllen, die in der ›Liste der 32 Zeichen‹ festgehalten sind. Diese Aufzeichnungen sind für Außenstehende nicht einsehbar. Wie in den meisten Fällen ist man auch hier auf mündliche Überlieferung, das heißt auf persönliche Interpretationen angewiesen. Vielleicht sind die Eigenschaften, die die Kandidatinnen besitzen müssen, für uns deshalb so schwer zu begreifen und zu erläutern:
Wohlproportionierte Füße und Hände wie die einer Ente. Schön gestaltete Fersen und kreisförmige Linien an den Fußsohlen. Einen Körper wie die Form eines (Saptacchata) Blattes. Die Schenkel eines Rehes. Ein tief eingebettetes Geschlechtsorgan. Wangen und Brust wie die eines Löwen. Den Hals und Nacken einer Muschel. Vierzig wohlgestaltete, weiße Zähne. Eine kleine, feuchte und empfindsame Zunge. Die tiefe Stimme eines Sperlings. Die Augen und Wimpern einer Kuh. Einen schönen, goldfarbenen Schatten. Glatte, schwarze, nach rechts fallende Haare. Sanfte und zierliche Hände und Füße und lange Zehen. Runde Schultern und lange Arme. Einen reinen Körper (keine Pocken o. ä.) und eine Haut, deren Poren wohlgeformt sind. Einen runden Kopf mit einer hohen Stirne. Einen widerstandsfähigen Körper, geformt wie der Nyagrodhabaum.
Die Mädchen, welche alle 32 Zeichen äußerer Vollkommenheit besitzen, müssen sich dann einer Reihe nächtlicher Prüfungen unterziehen. Auch hierbei müssen wir uns auf den Wahrheitsgehalt mündlicher Überlieferung verlassen. Es handelt sich um Mutproben. Die schwerste besteht darin, daß die Mädchen eine Nacht im Innenhof des Talejutempels inmitten der blutigen Köpfe frisch geschlachteter Büffel verbringen müssen. Bei der Schlachtung selbst sind sie allerdings nicht dabei. Während der Nacht versuchen Geister und böse Dämonen außerdem, die Mädchen zu erschrecken. Die Zeremonien sind so streng geheim, daß außer den Priestern niemand zugelassen wird. Nur ein Mädchen, das bei diesen Prüfungen weder Furcht noch Erregung zeigt, kann Kumari werden.
Nach ihrer Wahl wird die erfolgreiche Kandidatin in langwierigen Ritualen zur Göttin. In einer Reinigungszeremonie berührt der Priester alle empfindlichen Körperpartien des nackt vor ihm stehenden Mädchen mit kultischen Gegenständen. So vergißt der Körper nach und nach seine bisherigen Erfahrungen, und die Göttin Taleju kann in ein vollkommen reines Wesen einziehen. Das Eindringen der Göttin soll man daran erkennen, daß die Haut der Kumari sich mehr und mehr rötet. Schließlich erhält sie den schweren Gold- und Silberschmuck, die Insignien ihrer göttlichen Würde. Obwohl eine Kumari zu nichts gezwungen werden darf, weiß sie sehr wohl, welche Pflichten sie zu erfüllen hat. So muß sie bei vielen Pujas, rituellen Opfermahlen, anwesend sein. Bei bestimmten Festen muß sie sich in der Öffentlichkeit zeigen. Und auch, wenn kein besonderer Anlaß vorliegt, muß sie sich zur Verfügung halten, sobald Gläubige das Bedürfnis haben, ihr zu huldigen.
Die ihr dargebrachten Opfergaben bestehen meist aus Reis, Früchten und Blumen, manchmal auch aus getrocknetem Fisch. Sie werden von einem Priester oder einem Familienmitglied dargebracht. Nicht alle Lebensmittel eignen sich für ein solches Opfer, denn es gibt Dinge, mit denen eine Kumari nie in Berührung kommen darf. Zwiebeln, Knob-

Seite 105 (von links oben nach rechts unten):
1. Die königliche Kumari in Kathmandu.
2. Die Ekanta-Kumari in Bhaktapur während des Durga Puja.
3. Die Kumari von Patan bei der morgendlichen Verehrung durch ihre Eltern.
4. Die Chabahi-Kumari bei einer Anbetungszeremonie.
5. Die Jyapu-Kumari aus Kathmandu beim Spiel mit einer Freundin.
6. Die Kumari aus Bungamati bei einer privaten Puja (vgl. Seite 108).

Seite 106/107: Die Ekanta-Kumari wird während des Durga Puja in Bhaktapur einmal täglich von ihrem Wohnsitz zum Tempel der Taleju und wieder zurück getragen. Auf diesem Weg nimmt sie auch Geschenke und Geldspenden der Bevölkerung entgegen.

Seite 108: Die Kumari von Bungamati im Kreise ihrer Freunde. Einen Tag nach Entstehung dieses Bildes wurde sie nach Aussage des Vaters schwer krank. Ein kleines Geschenk ließ sie wieder gesunden und gab uns die Gelegenheit, mit ihr an einer Familienpuja teilzunehmen.

Seite 109: Am 9. Tag des Durga Puja wird in jeder Familie Bhaktapurs das jüngste Mädchen als Kumari verehrt.

Seite 110: Bei ihren öffentlichen Auftritten in Bhaktapur wird die Ekanta-Kumari meist von neun kleinen Mädchen begleitet, die – als Gruppe – ebenfalls als Kumari angesehen werden.

Seite 111: Der Zeremonienstab am Eingang zum Haus der Kumari in Bhaktapur und ein Mädchen der Gruppenkumari zeigen den bevorstehenden Auftritt der Ekanta-Kumari an.

lauch und Alkohol zählen dazu. Auch bei Blutopfern darf sie nicht anwesend sein.
Jeder, der der Kumari eine Puja ausrichtet, beobachtet aufmerksam ihre Gesten und Blicke. Denn wie bei einem Orakel läßt sich daraus viel ersehen: Blickt sie zum Beispiel traurig von links nach rechts, so wird es in der Familie des Gläubigen Streit geben. Lacht oder weint sie laut während der Andacht, so drohen dem Gläubigen schwere Krankheit oder Tod. Faßt eine Kumari die Speisen nur mit den Fingernägeln an, steht ein finanzieller Verlust bevor. Wenn sie trinkt, aber nichts ißt, steht es schlecht um die Arbeit des Gläubigen. Wenn sie zittert, erwartet den Gläubigen eine Gefängnisstrafe, und die Dauer des Zitterns sagt etwas über die Länge der Strafe aus. Es gibt noch viele andere schlechte Vorzeichen. Nur wenn während der Puja keines von ihnen beobachtet wird, darf der Gläubige auf die Erfüllung seines geheimen Wunsches hoffen.
Als Beispiel für ihre seherischen Fähigkeiten wird ein Vorfall gewertet, der sich 1971 während des Indra- und Kumarifestes ereignete: Der damals regierende König Mahendra war zusammen mit seinem Sohn und Thronfolger Birendra im Palast der Kumari erschienen, um sich von ihr das Tikazeichen auf die Stirn drücken zu lassen, als Bestätigung seines königlichen Amtes für ein weiteres Jahr. Gedankenverloren ging die lebende Göttin auf die beiden zu und drückte dann aber dem Thronfolger die Tika auf. Behutsam von den Priestern auf ihren Irrtum angesprochen, beharrte sie aber auf ihrer Entscheidung. Wenige Monate danach verstarb König Mahendra völlig überraschend.
Eine Kumari bleibt bis zu ihrer ersten Blutung im Amt. Diese kann durch den Verlust eines Zahns hervorgerufen werden, durch die erste Menstruation, eine Wunde oder auch durch eine innere Blutung. Im Normalfall bleibt eine Kumari etwa sieben bis acht Jahre in Amt und Würden. Die Stellung als ›lebende Göttin‹ bringt neben Ansehen und Verehrung vor allem Probleme für die Mädchen mit sich, die ihnen nach Beendigung ihrer Zeit als Kumari ihr ganzes Leben lang zu schaffen machen können. Als Göttin weiß eine Kumari alles und darf deswegen keine Schule besuchen. Wenn sie krank wird, darf kein Arzt sie behandeln, denn eine Göttin wird nicht krank. Sollte sie sehr schwer krank werden, muß sie abtreten, wird aber dann vom königlichen Leibarzt behandelt. Und sollte eine Kumari während ihrer Amtszeit sterben, so erlebt sie keine Wiedergeburt, denn eine Göttin kann nicht sterben.
Die Aussichten auf eine Heirat sind für ehemalige Kumaris nicht gerade günstig. Für einen Nepali ist es kaum vorstellbar, daß ein Mädchen alle göttlichen Kräfte, die es einmal besaß, verlieren kann. Und selbst ein kleiner Rest kann für ihn gefährlich, wenn nicht sogar tödlich sein. Für das Mädchen, das wieder in ein normales Leben zurückkehrt, ist es schwer, sich plötzlich in der Rolle einer unterwürfigen Frau zurechtzufinden, die dem Ehemann täglich ihre Verehrung bezeugen muß. Dafür stand sie selbst in den prägenden Jahren ihrer Kindheit zu sehr im Mittelpunkt männlicher Verehrung und wußte um die Furcht der Männer bei der Deutung ihrer Gesten, die einem Orakel entsprachen. Heute bekommt eine ehemalige Kumari eine monatliche Rente von umgerechnet acht Mark und bei einer Heirat eine einmalige Prämie von 160 Mark als Mitgift.
Über drei Monate lang haben wir uns mit dem Thema Kumari beschäftigt. Zehn Informanten und Dolmetscher aus unterschiedlichen Kasten waren notwendig, um die Existenz und den Wohnort einzelner Kumaris in Erfahrung zu bringen, um Kontakte mit Priestern oder auch nur mit den Eltern herzustellen.
Die königliche Kumari konnten wir zunächst nur am Fenster ihres Palastes bewundern. Dann haben wir sie drei Tage lang bei ihren Prozessionen anläßlich des Indra- und Kumarifestes durch unvorstellbare Menschenmassen begleitet. Kurze Zeit später muß ihre erste Blutung eingetreten sein, denn sie wurde abgesetzt. Dann haben unsere Informanten ganze Arbeit geleistet.
Wir waren dabei, als der Vater zusammen mit anderen Familienangehörigen die Kumari auf dem Arm vom Kumari Chowk zurück in ihr Elternhaus brachte, das sie acht Jahre zuvor hatte verlassen müssen. Alles ging blitzschnell, in aller Heimlichkeit. Auch der König wußte zu diesem Zeitpunkt noch nichts vom Rücktritt seiner Kumari. Auf ihrem letzten Weg als Göttin durch

Seite 112: Einmal im Jahr, während des Durga Puja-Festes, wird im Kloster Pujaharimath in Bhaktapur unter Ausschluß aller Öffentlichkeit durch einen Priester eine Gruppenkumari gebildet. Die neun Mädchen werden feierlich geschmückt, verköstigt und danach vom Priester kollektiv als Kumari verehrt. Auch diese Mädchen stammen aus der Kaste der Goldschmiede. Nach der mehrstündigen Zeremonie löst die Gruppe sich wieder auf.

die Straßen Kathmandus waren ihre Augen undurchdringbar und doch schienen sie voller Trauer und Angst. Dann vergingen drei Tage bis wir sie zu Hause besuchen konnten. Die meiste Zeit hatte sie zunächst mit ihren Freundinnen in den Kinos der Stadt zugebracht. Zu groß war ihr Nachholbedarf. Dann konnten wir uns unterhalten. Obgleich sie ihre Zeit als Kumari sehr interessant fand, war sie doch glücklich, wieder zu Hause sein zu können. Jetzt wolle sie arbeiten, die Schule besuchen, studieren. Ärztin oder doch wenigstens Krankenschwester wolle sie werden. Ob sie heiraten möchte? Sie schweigt. Am meisten interessiert sei sie während ihrer Zeit als Kumari am Lernen gewesen, aber es sei niemand gekommen, außer ihren Schwestern und Freundinnen. Über ihr Machtgefühl als ›lebende Göttin‹, ob sie göttliche Kräfte in sich gespürt habe, ob sie sich an ihre Einsetzung als Kumari erinnere, auf all das gab sie keine Antwort. Sie sagte nur: »Darüber darf ich nicht sprechen.«

Am Tage ihrer Ablösung sind wir auch der bereits gewählten Nachfolgerin begegnet. Schon im roten Kleid, wurde sie zu den Einsetzungszeremonien in den Tempel der Taleju gebracht. Noch ganz Kind, unscheinbar wie viele. Zwei Jahre später treffen wir sie wieder. Ungeheuer diese Veränderung. Jetzt ist auch ihr Blick undurchdringbar, nach innen gekehrt. Nichts kann sie ablenken, ihre Augen brechen nie aus. Auf ihrem tragbaren Thron ist sie auf dem Weg zum Ghora Jatra. Ein kurzer Auftritt nur, es ist einer der fünf Tage im Jahr, an denen sie ihren Palast verlassen darf.

Die Ekanta-Kumari haben wir während des Durga Puja in Bhaktapur bei verschiedenen Anlässen begleitet. Wir durften ihren Tempel betreten und am Thron zu ihren Füßen ein paar Vergrößerungen von Aufnahmen, die wir ein Jahr zuvor von ihr gemacht hatten, niederlegen. In ihrer Erscheinung als Göttin zog sie auch uns in ihren Bann.

Die Wala Lakhu- und die Tebuk-Kumari haben wir auf der Straße getroffen. Von ihren Vätern durch die ganze Stadt getragen, nehmen sie nur an einem einzigen Tag im Jahr Opfer und Geldspenden der Bevölkerung Bhaktapurs entgegen.

Verhandlungen, die Chabahi-Kumari zu Gesicht zu bekommen, zogen sich über viele Wochen hin, bis wir sie endlich aufsuchen durften. Im Innenhof eines Klosters konnten wir einer Puja beiwohnen, die Priester und Gläubige aus ihrem Wohnbezirk abhielten. Die Erlaubnis, die Jyapu-Kumari (Kilagar-Kumari) zu sehen, wurde uns ebenfalls erst nach vielen und langen Gesprächen durch die Eltern erteilt. Es wurde ein Termin vereinbart, zu dem außer der Kumari und ihren Eltern auch der Ältestenrat ihres Stadtteils erschien, der aber Filmaufnahmen oder Fotos kategorisch ablehnte. Nach harten Verhandlungen auf offener Straße mit vielen Zuhörern gestand man uns zu, die Kumari mit offenen Haaren und ohne ihr rotes Kleid, also nackt, zu fotografieren. Als Ausweg bot sich dann zu guter Letzt an, die Kumari und ihre Familie auf die Felder vor der Stadt zu begleiten. Dort hatte der Ältestenrat keinen Einfluß mehr, hier galt nur das Wort der Eltern. Die große Kumari von Patan ist inzwischen seit zwei Jahrzehnten im Amt. Das Alter dieser Kumari beunruhigt zwar die Gläubigen in der Stadt und im ganzen Tal, aber nur die Mutter einer ›lebenden Göttin‹ darf prüfen, ob ihre Tochter in die Pubertät gekommen ist. Bisher hat sie die Geschlechtsreife noch nicht festgestellt, und somit ist offiziell an der ungewöhnlich langen Amtszeit dieser Kumari nichts zu ändern. Nach unserem ersten Zusammentreffen mit der Bungamati-Kumari, bei dem wir mit dem Vater nur einen Termin für unsere Aufnahmen vereinbarten, wurde die Kumari krank, und man machte uns dafür verantwortlich. Tage später waren wir dennoch willkommene Gäste einer Großfamilie, die die Göttin für eine umfangreiche Puja in ihr Haus geladen hatte.

Seite 115: 10. Oktober 1979. Nach einer achtjährigen Amtszeit kehrt die königliche Kumari, vom Vater getragen, in ihre Familie zurück. Der Beginn ihrer Menstruation zwang die Priester, sie abzusetzen. Nur noch wenige Augenblicke verkörpert sie die Taleju, ist sie die ›lebende Göttin‹. Zu Hause angekommen, muß sie die Kleider und den Schmuck abgeben. Unmittelbar darauf erhält ihre Nachfolgerin, die zu diesem Zeitpunkt schon gewählt ist, den Schmuck.

Seite 116: Reis ist das Hauptnahrungsmittel. Alles verfügbare Land wird für seinen Anbau verwendet.
Die Häuser in den Dörfern stehen dichtgedrängt und sind jeweils mehrere Stockwerke hoch, um nicht unnötig Land zu beanspruchen. Deshalb gibt es auch nur wenige Straßen im Tal, und die Fußwege zwischen den Dörfern sind schmal.

Seite 117 oben: Um alles verfügbare Land zu nutzen, reichen die Reis- oder Getreidefelder bis unmittelbar an die ersten Häuser der Dörfer heran.

Seite 117 unten: Die Plätze und Straßen in den Dörfern werden von allen Bewohnern gleichermaßen genutzt. Entsprechend der Jahreszeit dienen sie als Trockenplätze für Reis, Töpferwaren, Getreide und Chili.

Durga Puja oder **Dasain**

Das Opferfest für die Göttin Durga.
Die Beziehung des einzelnen und der Gesellschaft zu den Göttern und Dämonen.

Im Herbst jeden Jahres, meist im Oktober, findet im Kathmandutal ein Freudenfest statt. Die schlechte, aber für das Gedeihen der Reisfelder so überaus wichtige Jahreszeit ist zu Ende. Regenwolken hatten vier Monate lang über dem Vorgebirge des Himalaya gehangen. Die Gebirgsbäche hatten die Wassermassen kaum noch bewältigt. Holzbrücken wurden weggerissen, und die Handelswege nach Tibet im Norden und Indien im Süden waren durch Erdrutsche blockiert. Das Kathmandutal war von der Außenwelt abgeschnitten. Auch die Götter hatten den unwirtlichen Ort verlassen. Statt ihrer regierten die Dämonen die Städte des Tales, und mit ihnen waren die Krankheiten gekommen: Cholera und Typhus hatten die Menschen gequält. Jetzt haben sich die Monsunwolken nach Süden zurückgezogen. Der Reis auf den Feldern ist gewachsen und wird in wenigen Tagen geerntet werden.
Und die Götter kommen zurück! Es gilt, den Sieg über das Böse zu feiern.
Zehn Tage lang ruht die Arbeit; im ganzen Land sind alle Büros und Geschäfte geschlossen. Das Fest ist der Göttin Durga geweiht. Sie ist die ›Große Muttergottheit‹, in deren Verehrung sich prähistorische Fruchtbarkeitsriten und die hinduistische Legende der blutrünstigen Kriegsgöttin Kali vereinen.
Das Fest zu Ehren der Göttin Durga beginnt mit einem rituellen Bad. Vor Tagesanbruch ziehen die Bewohner der Städte in langen Prozessionen zu einem der Ghats, einer Treppenanlage am Fluß.

Seite 118/119: Der erste Tag des Durga Puja. Zwischen drei und vier Uhr in der Frühe begeben sich die Bewohner der Städte und Dörfer des Kathmandutals zu den vorgeschriebenen Badeplätzen. Das rituelle Bad im heiligen Wasser und das erste Opfer für die Göttin müssen vor Tagesanbruch vollzogen sein.
Durga Puja (auch Dasain genannt) ist das wichtigste Fest in Nepal und dauert vierzehn Tage. An zehn Tagen ruht das öffentliche Leben, alle Behörden sind geschlossen.
(Im Bild der rituelle Badeplatz des ersten Tages vor den Toren der Stadt Patan.)

Seite 120 oben: Um für Verfehlungen, die sie selbst oder ein anderes Mitglied ihrer Großfamilie begangen haben, zu büßen, rollen sich am ersten und letzten Tag des Durga Puja junge Männer aus der Stadt Bhaktapur hinaus bis zum Brahmayani Ghat, einem der rituellen Badeplätze, der etwa drei Kilometer außerhalb der Stadt liegt.

Seite 120 unten: Andere Büßer lassen sich mit heiligem Kuhdung bedecken, auf dem 108 Öllämpchen entzündet werden. Familienangehörige betreuen die Büßer über viele Stunden, manchmal auch Tage, und sorgen dafür, daß ständig alle 108 Lichter brennen.

Viele Stunden lang drängen sich die Leute am Wasser, beten, bespritzen sich, tauchen unter und waschen damit die Sünden des vergangenen Jahres ab. Dann füllen die Gläubigen eine Schale mit nassem Sand und gehen nach Hause. In einem verschlossenen Raum unter dem Dach steckt das älteste Familienmitglied Gerstenkörner in den Sand. Wenn sie innerhalb der nächsten zehn Tage keimen und aufgehen, ist das ein Zeichen dafür, daß die Göttin Durga während der Festtage im Hause wohnt.
Es ist ein Freudenfest, und vieles ist erlaubt, was sonst verboten ist, so auch das Glücksspiel. In den Arkaden an den Tempelplätzen, auf den Straßen und in den Höfen locken Karten- und Würfelspiel, und mancher Bauer verliert hier seine ganze Barschaft. Hat er aber Glück, dann wird Lakshmi, die Göttin des Wohlstands, ihm auch für den Rest des Jahres helfen.
Auf acht einsamen Hügeln außerhalb der Stadtgrenze erheben sich von hohen Bäumen umgebene Opferstätten, die der Göttin Durga geweiht sind. Sie umschließen die Stadt wie ein Schutzring und grenzen sie vom ungeheiligten Umland ab. Diese Opferstätten werden Pitha genannt, was soviel bedeutet wie der Ort, an dem sich ein Götterbild befindet. Die Plätze tragen die Namen verschiedener Muttergottheiten, Inkarnationen der Durga: Brahmayani, Mahesvari, Kumari, Vishnuvi, Varahi, Indrayani, Mahakali und Mahalakshmi. Das Bild der Göttin stellen unscheinbare Steine am Boden dar, die als Sinnbild der Mutter Erde seit Jahrhunderten die Verehrung der Bevölkerung finden.
Am Abend des ersten Tages beginnen die Prozessionen zu den Opferstätten der Schutzgöttinnen. Das morgendliche Bad und die abendliche Opferzeremonie werden nun an jedem der folgenden acht Tage wiederholt. Der Reihe nach wird jeden Abend eine andere der acht Pithas besucht und durch diese Begehung die Stadt sinnbildlich als ein Teil des Kosmos geheiligt. Von der Entstehung der Pithas, von denen alle Städte im Kathmandutal umgeben sind, berichtet eine Legende:
»In tiefer Trauer zog Shiva nach dem Tode seiner Frau mit ihrem Leichnam durch die Welt. Shivas Schmerz rührte die Götter so sehr, daß sie den Leichnam zerfallen ließen. Und überall dort, wo ein Teil auf die Erde fiel, entstand ein Pitha, ein Ort, an dem von nun an die Göttin immer anwesend war.«

Wenn eine Familie im vergangenen Jahr Schuld auf sich geladen hat oder für das nächste Jahr eine besondere Gnade erbittet, dann wird ein Familienmitglied die Göttin durch seine Bußzeremonie milde stimmen: Der Büßer muß sich mehrere Kilometer von seinem Haus bis zum Pitha der Göttin Brahmayani, der sich am weitesten außerhalb der Stadt befindet, über den Boden rollen oder sich an der Opferstätte mit Kuhmist bedekken lassen. Auf den Kuhdung werden 108 Butterlämpchen gestellt, und die Familienangehörigen füllen regelmäßig Butterfett nach, damit die Lichter nicht vorzeitig erlöschen. Der Dung der heiligen Kuh, der ein Vielfaches der Reinigungskraft des Wassers besitzt, wird die Sünden dann löschen.
In der einfachen Form der Büßerzeremonie ist der Gläubige mehrere Stunden lang auf einen Stuhl gebunden; auf dem Kopf, den Bein- und Armgelenken brennt je eine Öllampe, die in Kuhdung steckt. Die Göttin beschützt den, der sie durch seine Opfer wohlgesonnen stimmt. Wenn der Gläubige sich dem Stein nähert, läutet er mit einer Glocke, um die Göttin auf sich aufmerksam zu machen. Blumen, Reis und kleine Münzen werden vor dem Stein als Opfergaben abgelegt – und schnell vom Wächter des Schreines eingesammelt. Er ist kein Brahmanenpriester, sondern ein Unterkastiger – ein Indiz dafür, daß es sich bei diesem Kult um einen sehr alten Brauch der Newar, der Ureinwohner Nepals, handelt. Vielleicht brachten bereits die ersten Siedler den Glauben an die Steingötter vor dreitausend Jahren mit ins Tal. Er ist jedenfalls so tief verwurzelt, daß er weder vom Buddhismus, noch bei der Reformation durch den Hinduismus im frühen Mittelalter verdrängt werden konnte.
Die Frömmigkeit hat andere Ausdrucksformen als im abendländischen Christentum – bei den Gottesdiensten herrscht keine stille Andacht, sondern Ekstase bestimmt das Verhalten der Gläubigen. Gestärkt durch Rauschmittel wie z. B. Alkohol drängen die Menschen sich ohne Rücksicht auf den Nachbarn an die Opferstätte. Tanz, Ekstase, Musik sind Leitmotive im Tantrismus, und der Gläubige verdeutlicht durch sein Verhalten sein ungeduldiges Verlangen, seinem Gott nahe zu sein. Die verschiedenen Aspekte der Schutzgötter werden in der alten Königsstadt Patan auch durch maskierte Tänzer dargestellt.
Eine Gruppe von zwölf jungen Männern aus der

Seite 123: In einer einfacheren Form der Büßerzeremonie ist der Gläubige für viele Stunden an einen Stuhl gebunden. Die auf Beine, Hände, Schultern und Kopf verteilten sieben Tonschalen stehen ebenfalls auf Kuhdung. Auch hier sorgt die Familie durch ständiges Nachfüllen von Öl dafür, daß die Opferlichter nicht vorzeitig verlöschen.

Seite 124/125: Der rituelle Badeplatz am Brahmayani Ghat bei Bhaktapur. Hier vollziehen am frühen Morgen des ersten und letzten Tages des Durga Puja die Bewohner der Stadt ihre vorgeschriebenen Waschungen. Links im Bild liegt auf einer dünnen Strohschicht ein Büßer im heiligen Wasser. Auch in dieser Form dauert die Zeremonie mehrere Stunden.

Seite 126: Bei ihren nächtlichen Prozessionen durch die Stadt Patan werden die Asta Matrika von den Bewohnern verehrt und erhalten Nahrungsmittel und kleine Geldmünzen als Opfergaben.

Seite 127: Das Tragen der schweren Göttermasken ist anstrengend. Solange einer der Götter verehrt wird, können die anderen für kurze Zeit ihre Masken abnehmen. Mit dem Aufsetzen der Maske aber werden sie wieder zu dem Gott, den sie verkörpern.

Seite 128: Zu mitternächtlicher Stunde werden die Asta Matrika in einem Innenhof des ehemaligen Königspalastes von Patan durch die Priesterschaft angebetet und verehrt.

Seite 129: Im Innern des Schreins der Brahmayani werden während des Durga Puja die neuen Masken der Nava Durga vorgestellt. Durch tantrisches Ritual werden sie zu Göttern und beschützen neun Monate lang die Stadt. Dann sterben sie hier und werden verbrannt. Damit ist die Bevölkerung während der schlechten Jahreszeit (in der Zeit des Monsuns) schutzlos den bösen Mächten und Dämonen ausgesetzt.
Die Nava Durga-Masken werden auch dann als Gottheiten verehrt, wenn sie nicht von den Tänzern getragen werden.

Seite 130: Der neunte Tag des Festes ist der Haupttag der großen Göttin Durga. Vor den heiligen Schreinen in den einzelnen Stadtteilen finden heute Tieropfer statt. Jede der sechstausend Familien der Stadt Bhaktapur opfert an diesem Tag wenigstens ein Tier. Der Verlauf der Tieropfer wird von den Gläubigen gespannt verfolgt.

Seite 131: Mit einem einzigen Schlag muß das Opfertier geköpft werden. Alles andere wäre ein böses Omen.

Seite 132: Eine andere Art des Tieropfers ist die Schächtung. Die Göttin beansprucht nur das Blut des Opfers. Kopf und Körper des Tieres erhält der Gläubige als Geschenk der Göttin zurück.

Seite 133 oben: Auch für die Kinder ist die Notwendigkeit der Tieropfer selbstverständlich. Die Blutopfer sind ein äußerst wichtiges Ritual; bei den Opferzeremonien geht es trotzdem fröhlich zu.

Seite 133 unten: Der Kopf des geopferten Büffels vor dem Schrein der Göttin. Nach dem Opfer nimmt ihn das Familienoberhaupt mit nach Hause, wo er während eines Festmahls unter den acht ältesten männlichen Familienmitgliedern aufgeteilt wird.

Unterschichtkaste der Blumenpflücker übernimmt alljährlich die Aufgabe, als Medium der Großen Göttin zu wirken. Die Masken stellen die verschiedenen Formen dar, in die sich die Muttergöttin verwandeln kann. Sie kann beschützen, bewahren, aber auch zerstören und töten. Durch Meditation und Rauschmittel wie Reiswein haben sich die Tänzer auf die Zeremonie vorbereitet. Auf die Stirn wird ihnen ›das dritte Auge‹, das Zeichen der Göttlichkeit, gemalt. Dann verleiht ihnen der Zunftobere und Priester die Masken. Von diesem Augenblick an sind sie keine irdischen Wesen mehr, sondern Götter.

Als Götter empfangen sie die Verehrung der Stadtbewohner. Die Hände vollführen genau vorgeschriebene Mudras, Fingerstellungen von magisch-symbolischer Bedeutung, die Konzentrationsübungen und heilige Zeichen zugleich sind. Die Beine der Tänzer vibrieren und lassen Fußschellen klingen, zum Beweis dafür, daß göttliche Energie in ihnen wohnt. Der Tanz ist nicht als künstlerische Darbietung gedacht, sondern als Botschaft und Beschwörung. Durch das Ritual des Tanzes wird der Kontakt zwischen Mensch und Gottheit hergestellt.

Das Durga Puja-Fest enthält nicht nur Aspekte der Buße und der rituellen Reinigung. Es ist vor allem ein Triumph über das Böse, das durch den wilden Büffel verkörpert wird: Der Dämon Mahisa war so mächtig, daß er die Götter aus dem Himmel vertrieb. Erst als die Götter ihre ganze Kraft und alle ihre Waffen in der zehnarmigen Göttin Durga vereinigten, gelang es, den Dämon zu vertreiben. Auf der Flucht änderte Mahisa ständig sein Aussehen. Als er sich schließlich in einen Büffel verwandelte, schlug ihm die Göttin mit ihrem Schwert den Kopf ab.

Die Legende knüpft an die Urängste des Menschen vor der Bedrohung durch Naturgewalten an, denen er zeit seines Lebens ausgesetzt ist. Und so gipfelt die Ekstase dieses mehrtägigen Festes alljährlich mit der symbolischen Tötung des Büffels in der Wiederholung dieses Sieges, der die Menschen vor dem Untergang bewahrte.

Seite 134 oben: Auch den typischen Arbeitsgeräten der einzelnen Berufe werden Tieropfer dargebracht. Taxi- und Busfahrer beispielsweise bespritzen dabei die Achsen, den Motor, den Wagenheber und die Werkzeugkiste ihres Wagens mit dem Opferblut.

Seite 134 unten: Nach der Opferzeremonie legt der Priester den Kopf des Tieres auf den Opferteller des Gläubigen zurück.

Hunderte dieser Tiere werden in den letzten Tagen des Festes zu Ehren der Großen Göttin geopfert.

Am eindrucksvollsten kann man dieses Fest in der Stadt Bhaktapur, im Osten des Kathmandutals, erleben. Zwei Drittel der über 40 000 Einwohner sind Bauern, und sie feiern noch nach den überlieferten Riten ihrer Vorfahren. Das Opferfest beginnt am Abend des achten Tages. Ein durch Alkohol aufgeputschter junger Büffel wird durch die Straßen der Stadt getrieben. Die johlende Menge zieht zum Platz vor dem alten Königspalast. Der Oberpriester begutachtet das Tier. Dann verschwindet der Zug durch das Goldene Tor in den Tempel der Taleju. Sie ist eine Inkarnation der Göttin Durga und die Schutzpatronin der nepalischen Könige. Ihr Tempel ist direkt dem Palast zugeordnet und ausschließlich Hindus zugänglich. Den kastenlosen Schlachtern ist es nur in dieser einen Nacht gestattet, den Innenhof zu betreten, um der Göttin den Büffel zu opfern.

Am nächsten Morgen ziehen die Schlachter durch die Straßen der Stadt und verteilen winzige Fleischbrocken des geopferten Büffels an die Bevölkerung. Frauen und Kinder drängen sich, eines dieser glück- und schutzbringenden Symbole des unterlegenen Bösen zu erhalten und in ihr Haus zu tragen. Der Zug der Schlachter durch die Stadt ist das Zeichen für den Beginn der allgemeinen Opfer in den einzelnen Stadtteilen, die damit symbolisch über das besiegte Böse triumphieren. Auch die Staatsmacht demonstriert an diesem Tag ihr Selbstverständnis als Schutzmacht. Vor dem Palast werden Büffel und Ziegen vor den Fahnen des dort stationierten Regimentes geopfert. Mit einem Schlag muß der Schlächter die Tiere köpfen – alles andere wäre ein schlimmes Omen.

Die Bevölkerung nimmt an diesen Vorgängen nur geringen Anteil; für sie sind die Soldaten vom Bergstamm der Gurkas, die seit 1769 das Tal beherrschen und die Könige stellen, Fremdlinge, die eigentlich nicht am Stadtritual der Newar teilhaben können. Nur von dem blutbespritzten Sand nehmen die Zuschauer etwas mit, denn er bringt Glück.

Der neunte Tag des Durga Puja ist der Haupttag der Großen Göttin. Die Bevölkerung hat vor dem Morgengrauen am Hanumanghat, dem wichtigsten Badeplatz, ihr Bad genommen. Jetzt gilt es, den Schutz der Durga durch ein weiteres Opfer zu

gewährleisten. Die Göttin kann grausam sein und Vernichtung bringen. Nur ein Blutopfer stimmt sie milde. Der Glaube sagt: »Je mehr du tötest, desto mehr wirst du gewinnen.« In der Vergangenheit wurden auch Menschenopfer dargebracht. Das stillte den Durst der Muttergöttin für eintausend Jahre.
Jede Großfamilie opfert an diesem Tag einen Büffel, eine Ziege oder einen Hahn. Das Ritual findet vor den heiligen Schreinen in den einzelnen Stadtteilen statt. Zunächst werden die Messer geweiht. Dann wird das Opfertier vom Priester mit Wasser bespritzt; wenn es sich schüttelt, bekundet es sein Einverständnis mit dem Opfertod. Tut es dies nicht – was sehr selten vorkommt –, dann bleibt es am Leben und ist der Göttin geweiht.
Es geht fröhlich zu bei dieser Zeremonie, denn es ist ein Gottesdienst – und nicht zu vergleichen mit der Traurigkeit und Grausamkeit eines Schlachthofes in unserer ›zivilisierten‹ Welt. Die Göttin beansprucht nur das Blut; den Körper des Tieres erhält der Spender als Geschenk der Göttin zurück. Das Fleisch wird sorgfältig zerlegt und jeder Familie wird die gleiche Ration zugeteilt. Außer dem religiösen Aspekt mag der Gedanke, endlich wieder einmal genug Fleisch zu bekommen, zur Fröhlichkeit des Festes beitragen.
Neben Parvati, der Gemahlin Shivas, und ihrer gnädigen Form als Annapurna oder ihrem furchterregenden Aspekt als die grausame Tshandi oder die schwarze Kali ist auch die Kumari eine Inkarnation der Göttin Durga. Die ›lebende Göttin‹ nimmt an allen wichtigen Stadtfesten teil. Von der Bevölkerung wird sie hoch verehrt und erhält Opfergaben. An ihren Reaktionen erkennen die Gläubigen den Willen der Göttin Durga. Ihr werden jedoch keine Tieropfer dargebracht, da eine Kumari kein Blut sehen darf.
Auch in Bhaktapur werden die Schutzgötter durch Masken und Tänzer dargestellt. Bereits in Inschriften aus dem 15. Jahrhundert wird dieser Kult erwähnt. Die Nava Durga-Tänzer verkörpern die neun Aspekte oder Inkarnationen der Göttin Durga ebenso wie die Opferschreine, die außerhalb der Stadt und in den einzelnen Stadtteilen liegen. Am neunten Tag des Durga Puja versammeln sich die Tänzer im Ostteil der Stadt. Die traditionellen Musikinstrumente, mehrere Trommeln, Becken und Schellen, werden geweiht. Dann verleihen Mitglieder einer Guthi, einer religiösen Vereinigung, den Tänzern die silbernen Glocken für die Fußgelenke. Jetzt, zum Durga Puja-Fest, geht es um die Inthronisation der Tänzer. Am Abend werden die neuen Masken ausgestellt. Die Zeichen haben alle Symbolgehalt: Lange Zähne und Totenköpfe deuten die zerstörerische Kraft an, die fünf Farben stehen für die Elemente Feuer, Wasser, Erde, Himmel und Luft.
Die Nava Durga-Gottheiten durchlaufen innerhalb eines Jahres alle Phasen eines menschlichen Lebens.
Beim Durga Puja werden sie durch die Weihe ihrer Masken geboren. Während der nächsten neun Monate besuchen sie die einzelnen Stadtteile, feiern Familienfeste und opfern den Ahnen. Vor dem Beginn des Sommermonsuns werden die Masken dann verbrannt und damit der Auszug der Götter aus der Stadt und ihr Tod symbolisiert. Der Maskenmaler war einen Monat lang in Klausur und hat nach alten Vorlagen aus verschiedenen Sorten Lehm die Masken geformt und dann bemalt. Dies alles geschah im Verborgenen – da sich die Nava Durga als eine Art Geheimbund verstehen. Die Bedeutung der Kulthandlungen wird nur mündlich unter den Mitgliedern weitergegeben. Das Geheimnisvolle an diesem Ritus hat wahrscheinlich dazu beigetragen, daß die Tänzer-Götter bis heute ihre Wirkung auf die Bevölkerung erhalten konnten. Niemand würde es wagen, ihnen den Respekt zu verweigern. Das Opfer, insbesondere das Blutopfer, ist in nahezu allen alten Religionen zu finden. Auch im Alten Testament ist es beschrieben. Nepal ist aber wohl das einzige Land, in dem dieser Brauch bis heute einen so entscheidenden Anteil am religiösen Leben hat.
Am neunten Tag des Durga Puja opfert jede der sechstausend Familien der Stadt Bhaktapur mindestens ein Tier. Die Wasserbüffel werden von den Bauern gezüchtet, wobei das Erdgeschoß ihrer Häuser als Stall dient. Um den Bedarf an

Seite 137: Tieropfer bringen dem Gläubigen neben dem religiösen Verdienst auch eine zusätzliche Fleischration ein. Sorgfältig werden die geopferten Tiere ausgenommen und in kleine Portionen zerlegt, die an die einzelnen Mitglieder der Großfamilie verteilt werden.

Seite 138: Wer sich keinen Büffel oder keine Ziege leisten kann, opfert an diesem neunten Tag der Göttin Durga wenigstens ein Huhn.

Seite 139: Hunderte von Hühnern sind im Laufe des Tages an diesem Schrein geopfert worden. Das Blut der Tiere wurde vom Priester über das Bild der Göttin gespritzt, das am späten Abend von einem Tempelreiniger wieder gesäubert wird.

Ziegen zu decken, werden vor den Festtagen ganze Herden von den Bergstämmen der Tibeter und Tamang ins Kathmandutal getrieben und auf den Märkten verkauft. Eine Ziege kostet 600 Rupien (ca. 100,– DM); das entspricht dem durchschnittlichen Monatsverdienst einer Familie. Niemand kann sich bei diesem Fest vom Opfer ausschließen; die Göttin könnte seine Familie mit Krankheit oder anderem Unglück bestrafen. Erdbeben und Seuchen könnten die Stadt heimsuchen, wenn das Opfer der Bevölkerung nicht den Durst der Großen Göttin stillt.

Als besonders heilig gilt das fünffache Tieropfer, bei dem ein Büffel, ein Schaf, eine Ziege, eine Gans und ein Hahn getötet werden. Dabei werden nur männliche, unkastrierte Tiere verwendet. Die Halsschlagader wird aufgeschlitzt, so daß das Blut über das Götterbild spritzt. Dann wird der Kopf abgetrennt und bei Ziegen der Schwanz des Tieres zwischen die Zähne geklemmt; beides wird dann vor den Schrein gelegt. Dann stellt man ein brennendes Öllämpchen auf den Kopf des Tieres, das bis zum Ende der Opferzeremonie dort bleiben muß.

Beim anschließenden Festmahl wird der Kopf des Schlachttieres in acht Teile zerlegt: die beiden Augen, Ohren und Kinnbacken sowie die Nase und die Zunge. Streng nach Alter werden die zubereiteten Teile von den acht ältesten männlichen Familienangehörigen gegessen.

So, wie die Stadt beim Besuch der Pithas umschritten wird, so wird auch der Stadtteil und das einzelne Haus in das Ritual mit einbezogen. Über der Eingangstür wird ein Ei angeschlagen. Reisstaub wird mit dem Blut und den Federn des geopferten Hahnes gemischt und zusammen mit den aufgegangenen Sprossen der am ersten Festtag gesäten Gerste am oberen Querbalken befestigt. Die Händler malen über die Ladeneingänge heilige Zeichen: die Sonne, den Mond und Symbole Shivas. So wird auch das Haus im kommenden Jahr vor bösen Geistern bewahrt bleiben.

Die newarische Gesellschaft ist in Kasten unterteilt, die sich an Berufen orientieren. Die großen Stadtfeste bestätigen den einzelnen in der ihm zugewiesenen Rolle. So opfert am neunten Tag jeder den Werkzeugen seines Berufes: Bauern ihrem Ackergerät, Zimmerleute ihren Sägen und Äxten, Schüler ihren Büchern. Auch auf die neuen, importierten Geräte wird dieser Brauch übertragen. So, wie der Bauer seinem japanischen Kleintraktor opfert oder der Busunternehmer das Blut der geopferten Ziege auf die Räder und den Motor seines Fahrzeuges spritzen läßt, so tötet auch die nationale Luftfahrtgesellschaft alljährlich vor jedem ihrer Flugzeuge einen Ziegenbock.

Der Morgen des zehnten und letzten Tages: Die Gläubigen gehen zum Pitha der Großen Muttergottheit Brahmayani. Hier, am Schrein der Göttin der Schöpfung im Osten der Stadt, begannen die Bade- und Bußzeremonien, und hier enden sie auch. Noch einmal rollen die Büßer aus der Stadt an den Fluß und lassen sich dort mit Kuhdung und Öllampen bedecken. Die gesamte Bevölkerung ist seit den frühen Morgenstunden in einem endlosen Zug unterwegs: die Musikantengruppen der Bauern voran, gefolgt von den Frauen in ihren schwarz-roten Festtagssaris und den Opferschalen voller Blumen, Eiern und roter Farbe.

Am Pitha der Brahmayani liegen jetzt auch die Masken der Nava Durga. Um Mitternacht waren die Tänzer hierher gezogen und hatten – abgeschirmt von den Blicken Nichteingeweihter – einen Büffel mit Händen und Zähnen getötet. Der Kopf des Büffels liegt vor einem Berg aus geopfertem Reis. Die Kleider sind noch bespritzt vom Blut. Ihr traditionelles Gewand in den fünf Farben der fünf Elemente werden die Nava Durga erst bei ihrem ersten Auftritt innerhalb der Stadt tragen. Hier, am Pitha der Schöpfergöttin, werden die Masken durch tantrisches Ritual zu Göttern – hier werden sie in neun Monaten aber auch sterben und verbrannt werden. Von den Nava Durga erhoffen sich die Gläubigen kleine Fleischstücke des getöteten Büffels.

Nach Beendigung der Badezeremonie geben sich die Familienmitglieder das Tikazeichen, ein altes Symbol des Sieges. Aus Paste wird am Haaransatz ein Punkt auf die Mitte der Stirn gedrückt. Das Gemenge besteht aus Joghurt, Farbpulver und Reispuder. Jeder Newar hat an diesem Tag die Pflicht – beginnend mit den Eltern –, alle Familienmitglieder in der Reihenfolge ihres Alters aufzusuchen und sich das Tikazeichen geben zu lassen. Das kann Tage dauern, wenn die Verwandten weit entfernt wohnen.

Anläßlich dieses Festes werden so alljährlich die

Seite 140: Nach Beendigung der rituellen Waschungen gehen die Gläubigen zum Farbenverkäufer und Spiegelverleiher, um bei ihm für den Bruchteil eines Pfennigbetrages die Zutaten zu erwerben, die sie zum Anbringen des Tikazeichens benötigen.

Bande der Großfamilie erneuert. Ebenso sind die Staatsbeamten verpflichtet, an diesem Tag ihre Vorgesetzten aufzusuchen. Der König erhält sein Tika vom Oberpriester der Göttin Durga, bevor er seinerseits die hohen Staatsbeamten empfängt.
Das Stadtfest hat – neben dem religiösen Hintergrund des Schutzes vor dem Bösen – auch die Funktion, die bestehende Ordnung mit dem hierarchischen Prinzip in Großfamilie, Beruf und Staatswesen zu festigen. Zugleich bieten die Feste dem einzelnen aber auch die Möglichkeit – so widersprüchlich das klingen mag –, den gesellschaftlichen Zwängen für kurze Zeit zu entfliehen: Durch die religiöse Ekstase der Massenprozessionen, die durch Rauschmittel wie Alkohol und Drogen verstärkt wird, wirken die Feste wie ein Ventil.
Der Rückweg von der Pitha der Göttin Brahmayani in die Stadt wird zum Triumphzug: Ausgelassen tanzen die Bauern auf der Straße. Der abgeschlagene Büffelkopf, Symbol des unterlegenen Bösen, wird verhöhnt. Bei Einbruch der Nacht kommen auch die Nava Durga. Zum ersten Mal tragen die Tänzer die Masken. Sie sind jetzt Götter. So, wie die Steine an den Pithas der Stadt nach außen Schutz bieten, so werden die Nava Durga die Stadt und ihre Bewohner im Innern schützen. Sie ziehen zunächst zum Palast und dann mit der Durga des Talejutempels durch die Straßen: Die Götter sind wieder in der Stadt! Verehrt sie und bringt ihnen euer Opfer, dann werden sie euch beschützen – wie sie es schon seit Hunderten von Jahren getan haben.

Seite 143: Das Tika – ein Zeichen des Sieges – besteht aus einem Gemisch von Joghurt, Reispuder und Farbpulver.
Punktförmig auf der Stirne angebracht zeigt es an, wo das dritte Auge der Weisheit seinen Sitz hat.
Das Tika wird nur von Hindus getragen.

Seite 144/145: Der letzte Tag des Durga Puja bricht an. Die ganze Nacht hindurch strömten noch einmal die Bewohner der Stadt zum Brahmayani Ghat, um die abschließenden rituellen Waschungen vorzunehmen und noch einmal die jetzt geweihten neuen Masken zu verehren, die im Laufe der Nacht in die Stadt getragen werden, um hier ihre Schutzfunktion übernehmen zu können.

Seite 146/147: Nachdem 1703 der Tempel, den Bhupatindra Malla seiner Hausgöttin erbauen ließ, fertiggestellt war, nannte ihn die Bevölkerung Bhaktapurs Nyatapola, den ›fünfgeschossigen Tempel‹, da der König den Namen seiner Göttin streng geheimhielt.
Die Nyatapolapagode ist der höchste Tempelbau in Nepal und außerdem der einzige mit fünf Dächern.

Mani Rimdu

Ein lamaistisches Klosterfest im Himalaya.

›Spiegelklare Beschreibung der Entstehung von Himmel und Erde.‹* »Nichts war da am Anfang als eine große Leere. Und in diese Leere kam ein weißes Licht, das sie ganz durchleuchtete. In diesem Licht erwuchs ein Luftkreis, der die sechs Formen der Kraft besaß. Die Farbe des Luftkreises war grünlich. Seine Gestalt die zweier gekreuzter Donnerkeile. Seine Länge und Breite waren unermeßlich. Er war so fest, daß er Wasser halten konnte. Die ersten Wasser waren ganz klar, denn sie waren aus der Essenz einer Wolke aus reinem Gold hervorgegangen. Auf den Wassern entstand die goldgleiche Erde. Ihre Farbe war gelb und ihre Gestalt quadratisch.
Im Süden dieser Erde liegt Indien, im Norden das Schneeland Tibet, im Westen Kaschmir und im Osten China mit dem Berg der fünf Terrassen. In diesem Raum gibt es die Welt der sinnlichen Freuden und die Welt der gestaltlosen Geister. Die ersten Menschen entstanden auf wundersame Weise aus glühenden Kugeln. Sie alle waren von Lichtkränzen umgeben, die statt Sonne und Mond die Dunkelheit erhellten. Die Menschen flogen durch die Lüfte und lebten in Glück und Frohsinn. Anfänglich lebten sie bis zu zehn Millionen Jahre. Als sie dann nur noch etwa hunderttausend Jahre alt wurden, entstanden sie aus Wärme und Feuchtigkeit. Dann ging ihr Lebensalter auf etwa fünfzig Jahre zurück, und später wird es nur noch zehn Jahre betragen. Die Menschen teilten sich in die beiden Geschlechter und wurden von der Krankheit der Leidenschaft befallen.
Im Südland bildete sich die besondere Rasse der Tibeter, und aus ihr sonderten sich wiederum die Sherpa ab.«**

In Tibet, der alten Heimat der Sherpa, wurde im 8. Jahrhundert nach Christus der Buddhismus zur Staatsreligion erhoben. Der führende Theologe und Mystiker jener Zeit war Padmasambhava. Er übernahm viele Elemente der alten Bon-Religion in den Buddhismus. Diese Bon-Religion bestand aus einer animistischen Glaubenswelt, mit Berggeistern, bösen und schützenden Dämonen, Blutopfern, Schamanen und Fruchtbarkeitsriten. Aus der Vermischung der buddhistischen Lehre mit Elementen der Bon-Religion entstand der Lamaismus, die tibetische Form des Buddhismus. Padmasambhava wird von den Sherpa heute noch als Gott verehrt.

Im 14. Jahrhundert reinigte der Reformer Tsongkhapa die tibetische Religion von allem, was er für unvereinbar mit der reinen Lehre des Buddhismus hielt. Die Sippen der Khampa im östlichen Tibet machten diese Reformation nicht mit. Um Schikanen und Verfolgung zu entgehen, wanderten sie über den 5716 Meter hohen Paß Nangpa La in das Gebiet südlich von Mount Everest und Gaurisankar aus. Dort wurden sie die Stammväter der heutigen Sherpa. Die Einwanderung ins heutige Nepal erfolgte um das Jahr 1533, wobei die erste Sherpagruppe nicht mehr als zwanzig bis fünfzig Personen umfaßte.

Viele Einzelheiten aus der Frühgeschichte der Sherpa sind in dem um 1520 entstandenen ›Bericht der Knochen‹ aufgezeichnet, einem Dokument, das westliche Forscher im Jahr 1965 entdeckt haben. Das Original befindet sich im Besitz von Lama Ngawana Tseten in Metokpake in der Region Solu. Mit den ›Knochen‹ sind die männlichen Angehörigen einer Sherpasippe gemeint.

Die tiefe Frömmigkeit der in der Region Khumbu lebenden Sherpa findet alljährlich während des Novembervollmondes ihren sichtbaren Höhepunkt im Mani Rimdu, einem dreitägigen Fest im 4000 Meter hoch gelegenen Kloster Tengpoche. Neben rein rituellen Handlungen führen die buddhistischen Mönche auch ein zehnstündiges Tanzdrama zur Abwehr böser Geister und Dämonen auf. In seiner heutigen Form findet das Mani Rimdu erst seit fünfzig Jahren statt, aber die phantastischen Masken und Kostüme, die die Mönche bei ihren Tänzen tragen, weisen auf religiöse Elemente des Glaubens der Sherpa hin, die viele hundert Jahre alt sind.

Die Recherchen über den genauen Beginn des Festes gestalteten sich äußerst schwierig. Das

Seite 148/149: Im Siedlungsgebiet der Sherpa stehen an allen Wegen durch die gigantische Bergwelt an markanten Punkten Chörten, buddhistische Reliquienschreine aus Stein.

Seite 150 oben: Der beschwerliche Weg zum Kloster Tengpoche ist nur außerhalb der Monsunzeit möglich. In der Regenzeit reißen die Flüsse die meisten Brücken mit sich.

Seite 150 unten: Chörten in Namche Bazar, der letzten größeren Sherpasiedlung auf dem Weg zum Kloster Tengpoche.

* Es handelt sich hier um einen Teil einer in den buddhistischen Ländern weit verbreiteten Kosmogonie.

** Michael Oppitz: Geschichte und Sozialordnung der Sherpa. Innsbruck, München 1969.

Hauptproblem bildete eines der unregelmäßig stattfindenden Schaltjahre. Im Jahr unseres Besuches (1978) war zur Korrektur ein 13. Monat eingeschoben worden, der die Umrechnung eines Datums aus dem nepalischen in den gregorianischen Kalender unmöglich zu machen schien. Dieser zusätzliche Monat machte nicht nur uns das Leben schwer, auch die Nepali waren irritiert und verhielten sich entsprechend. Ihr Kalender umfaßte in diesem Jahr nicht weniger als 48 engbeschriebene Seiten.

Während eines solchen eingeschobenen Monats sollen z. B. Newarfrauen, besonders jungverheiratete, nicht bei ihrem Mann wohnen, sondern im Hause ihrer Eltern. In diesen Monaten dürfen weder Hochzeiten noch andere Feste gefeiert werden.

Unsere Frage lautete, ob der Novembervollmond dieses Jahres auf den 14. November oder erst auf den 14. Dezember fallen würde. Eine Antwort war auch deshalb sehr schwer, weil der Beginn eines nepalischen Monats ungefähr mit dem 15. Tag des entsprechenden Monats des westlichen Kalenders zusammenfällt. Fragten wir bei Regierungsstellen nach, begannen deren Berechnungen Mitte April, dem Beginn des nepalischen Jahres. Konsularische Vertretungen oder Reisebüros gingen vom 1. Januar aus, die Tibeter begannen mit ihrer Rechnung im Februar. Das Ergebnis unserer Umfragen war: Sechs offizielle Stellen nannten den 14. November, sechs andere den 14. Dezember, zwei weitere behaupteten, das Fest fände dieses Jahr überhaupt nicht statt. Ein Trekking Office versicherte, Mani Rimdu habe schon im Juni stattgefunden. Für ein anderes war alles schon im Mai abgelaufen.

Die Reise, die wir daraufhin organisierten, begann fünf Tage vor dem Novembervollmond und endete fünf Tage nach dem Dezembervollmond. Es gelang uns, den Hubschrauber des Königs zu chartern. Er war ausgelastet mit siebzehn Koffern Film- und Fotoausrüstung und 22 Körben à 25 kg, gefüllt mit Konserven, Obst, Gemüse, Reis, Kaffee und anderen Lebensmitteln, die es nur unten im Tal gab, Grundverpflegung für vierzig Tage und 36 Personen. Tee, Milch, Butter, Kartoffeln oder Eier kauften wir später auf Märkten unterwegs.

In zwei Flugstunden brachte uns der vollbeladene Hubschrauber nach Luglha, zwölf Tagesmärsche von Kathmandu entfernt. Hier, in 2800 Meter Höhe, wurden von unserem Führer dreißig Sherpafrauen angeworben, die unsere Ausrüstung, die Lebensmittel, Zelte und Brennholz von nun an Tag für Tag trugen. Während wir in der ungewohnten Höhe bei acht Stunden Fußmarsch am Tag genug mit uns selbst zu tun hatten, strickten unsere Trägerinnen beim Aufstieg noch lachend Strümpfe oder Handschuhe für ihre Kinder. Jede trug 25 bis 30 kg, während ihre Männer mit Lasten von 40 kg und mehr, von Tibetern für eigene Transporte angeheuert, anderswo in den Bergen unterwegs waren. Ihre Tätigkeit als Träger können die Sherpa jedoch nur die eine Hälfte des Jahres ausüben. In der Monsunzeit, die hier etwa von Mai bis September dauert, sind die Fußpfade kaum begehbar, und Hochwasser reißt die meisten Brücken fort. Der Tagesverdienst der Sherpa liegt, je nach dem zu tragenden Gewicht, zwischen DM 2,80 und DM 3,50. Das ist sehr wenig, denn Reis und Hühner beispielsweise sind hier teurer als in Europa.

Nach drei anstrengenden Tagen sehen wir das Kloster Tengpoche. Es liegt auf einem Hochplateau am Fuße der mächtigsten Berge der Welt – Mount Everest, Nuptse, Lhotse und Amai Dablang –, an einem der schönsten Plätze dieser Erde. Unter anderem ist das Kloster auch ein Zentrum des Tseringmakultes. Tseringma ist die Tochter des Gebirgsgottes Himachal und wird als ›gute Mutter des langen Lebens‹ verehrt. Der Mystiker Padmasambhava soll im 8. Jahrhundert die Regel, nach der Tseringma anzubeten ist, verfaßt haben. Bei dem Text handelt es sich um ein sehr altes Exemplar eines aus drei Blättern bestehenden Blockdrucks. Er befindet sich im Besitz der Pharak Sherpa, die die mittlere Region des Siedlungsgebiets der Sherpa bewohnen. Die Eigentümer nennen als Autor Padmasambhava. Sehr wahrscheinlich muß aber als Autor ein tibetischer

Seite 153: Nur noch wenige Augenblicke, dann haben Wolken das Kloster Tengpoche verhüllt. Ein Schauspiel, das sich in den Wintermonaten täglich wiederholt. Nur in den frühen Vormittagsstunden zeigt sich in dieser Jahreszeit das Kloster in seiner großartigen Umgebung. (siehe S. 166/167)

Seite 154: Einer der Götter, die während des Mani Rimdu-Tanzfestes im ›Tanz der acht Gottheiten‹ zeigen, wie sie den buddhistischen Glauben gegen die bösen Mächte verteidigen werden.

Seite 155: Viele Tagesmärsche haben die Sherpa oft auf sich genommen, um beim Mani Rimdu-Fest anwesend sein zu können. Die persönliche Teilnahme am Klosterfest bringt für den einzelnen hohe religiöse Verdienste mit sich.

Mönch aus der Zeit nach Padmasambhava angenommen werden. Die genaue Herkunft (Tibet) und das Alter des Textes sind noch nicht geklärt. Der Text ist weniger ein Gebet, als eine Meditationsvorschrift.

Regel für die Anbetung der Tseringma.

»Man stelle sich die Gottheit vor wie einen mächtigen, schönen Berg, über dessen Mitte sich Wolken bewegen. Am Fuße des Berges wachsen Blumen und Medizinbäume. Das Geräusch von fallenden Wassern ist vernehmbar, und in den Wäldern singen die Vögel. Daraus steigt es empor wie ein Schloß aus Diamanten und Rubinen. Wer diesen Ort kennt, wird immer dorthin streben. Im Innern des Schlosses findet sich ein Thron aus einem Mond, der auf einer Blume ruht. In der strahlenden Mitte steht die Göttin Tseringma. Sie hat ein leuchtendes, schmales Antlitz, drei Augen und schimmerndes, blauschwarzes Haar, das schlangenartig hochgebunden und mit einem Rubin geschmückt ist. Ihr Schmuck ist kostbarer als derjenige irdischer Menschen und der Götter des Himmels. Sie ist gehüllt in ein weiches und enges Kleid. Die Herrin aller Wesen ist Tseringma, die Göttliche Mutter. Ihre Hautfarbe ist wie die einer goldenen Jungfrau, und sie strahlt wie ein Licht, das im Wasser brennt. Die Göttliche Mutter besitzt die Gesichtsfarbe des leuchtenden Mondes in einer Herbstnacht. Ihre lachenden Zähne sind wie Perlen und ihre Brust hat die Macht, den Regen auf die Erde zu bringen. Sie besitzt eine schmale, biegsame Taille und hat einen Blick, von dessen Glanz die Heiligen aus tiefster Meditation erweckt werden. Die uns die höchsten Güter gewährt und alle damit verbundenen Wünsche erfüllt, ist die edle Tseringma, der ich meine Ehrfurcht bezeuge.«*

Tengpoche ist das bedeutendste lamaistische Kloster der Sherparegion. 1923 wurde es auf Anraten des Abtes des tibetischen Klosters von Rongphu, von Gulu Lama, einem Sohn wohlhabender Sherpa aus dem nahegelegenen Dorf Khumjung, gegründet. Die ersten Mönche, die Gulu Lama um sich versammeln konnte, stammten alle aus seinem Heimatort. Die Anzahl der Mönche wuchs stetig, und bald war das Kloster Mittelpunkt des religiösen Lebens in Khumbu. Zehn Jahre nach der Gründung Tengpoches fiel das Hauptgebäude einem schweren Erdbeben zum Opfer. Gulu Lama glaubte sein Lebenswerk vernichtet und starb wenige Tage darauf. Doch zahlreiche Geldspenden und freiwillige Helfer ermöglichten in kurzer Zeit den Wiederaufbau.

Heute müssen die Mönche für ihren Unterhalt und ihre Behausung selbst sorgen. Aus Klostermitteln werden nur der Tee für die Gottesdienste und die Mahlzeiten bei Festen bestritten. So können im Grunde nur die Söhne verhältnismäßig wohlhabender Eltern in ein Kloster eintreten. Sie bekommen dann ihr Erbteil ausbezahlt, das sie für langfristige Darlehen verwenden, für die sie im allgemeinen 25% Zinsen erhalten. Die fälligen Zinsen werden in Form von Nahrungsmitteln beglichen und garantieren dem einzelnen Mönch einen geregelten Unterhalt. Außerdem verdienen sich die Mönche etwas, indem sie bei Dorffesten, Beerdigungen oder an den von Privatleuten gewünschten Zeremonien mitwirken. Der heutige Abt gilt als Reinkarnation des 1933 gestorbenen Klostergründers. Daß er der wiedergeborene erste Abt und Gründer von Tengpoche sein mußte, entdeckte man schon, als er erst drei Jahre alt war. Damals lebte er als Kind einer erst kurz zuvor aus Tibet eingewanderten Sherpafamilie in Namche Bazar, einen Tagesmarsch vom Kloster entfernt. Die Möglichkeit einer Reinkarnation erkannte man, weil das Kind immer wieder betonte, sein wahres Zuhause sei oben im Kloster Tengpoche. Als man Gegenstände aus dem Besitz des Gulu Lama, mit denen anderer Mönche vermischt, dem Jungen zeigte, fand er ohne Zögern jeden Gegenstand, der dem ersten Abt gehört hatte. Das genügte als Beweis dafür, daß dieses Kind die Reinkarnation des Gründers von Tengpoche war.

Am frühen Nachmittag beginnt außerhalb des Klosters die Eröffnungszeremonie des Mani Rimdu-Festes. Ein einziger Mönch trägt an diesem Tag eine Maske. Sie hat die Züge eines Greises und ist das Symbol für ein langes Leben in guter Gesundheit. Die Bedeutung des ersten Festtages liegt in der unmittelbaren Begegnung zwischen Abt, Mönchen und Gläubigen. Allein hierfür haben viele die Mühen eines tagelangen Anmarsches auf sich genommen.

Besucher und Mönche beten gemeinsam vor dem Kloster. Eines dieser Eröffnungsgebete, das Mani

Seite 156: ›Tanz der acht Furien‹. Der geheimnisvolle ›weiße Brahma‹ gilt als einer der kriegerischen Götter.

* Friedrich W. Funke: Religiöses Leben der Sherpa. In: *Beiträge zur Sherpa Forschung,* Teil II Khumbu Himal 9. Innsbruck, München 1969.

Rimdu, gibt dem ganzen Fest seinen Namen. Sinn dieser Gebete wie auch der Tänze am nächsten Tag ist es, alle bösen Götter, die Dämonen und den Teufel abzuwehren. Für ihre geistliche Hilfe erwarten Abt und Mönche Spenden von den Gläubigen: Geld, Lebensmittel und symbolische Opferfiguren aus Teig, die Tormas.

Der Abt bedankt sich für die Gaben der Gläubigen, indem er ihnen den Segen erteilt. Er und seine Mönche verpflichten sich, ein weiteres Jahr lang für die Sherparegion Solu-Khumbu den Segen der buddhistischen Götter und der Gottheiten aus der Zeit vor der Entstehung des Buddhismus zu erflehen. Die Mönche verteilen zum Dank heiliges Wasser an die Gläubigen, das diese trinken oder sich ins Haar streichen. Außerdem bekommen die Sherpa Dickmilch und Pillen, die ein langes Leben garantieren sollen, woran gleichzeitig auch die Maske des Greises erinnert. Wenn die Dämmerung anbricht und der Nebel aufzieht, formieren sich die Mönche wieder zu einer Prozession und kehren ins Kloster zurück. Die Besucher, die oft viele Tagesmärsche bis zum Kloster haben zurücklegen müssen, feiern diese Nacht durch. Die Sherpa sind äußerst fröhliche Menschen und mit Reden, Singen, Tanzen und Trinken geht die Nacht schnell vorbei. Und auf Schlaf kann man in dieser Höhe gut verzichten.

Der zweite Tag ist der Höhepunkt des Mani Rimdu. Zehn Stunden lang zelebrieren die Mönche fast ohne Unterbrechung kultische Tänze. In den Kostümen und Masken der Tänzer begegnen die Sherpa allen guten und bösen Gottheiten, allen freundlichen und finsteren Dämonen ihrer Glaubenswelt. Mit orthodoxem Buddhismus haben diese Tänze wenig gemeinsam.

Jeder Schritt, jede Geste hat eine besondere Bedeutung. Wichtige Figuren sind die Schwarzhutmagier. Sie verkörpern die Einheit des Buddhismus und der uralten Bon-Religion. Auch beim Tanz der ›Herren des Leichenackers‹ treten sie auf. Dieser Tanz handelt von skelettähnlichen Dämonen, die auf den Friedhöfen hausen.

Nach dem Glauben der Sherpa beginnt das Leben nach dem Tode so, daß der Verstorbene sich erst nach und nach an seine neue Existenzform gewöhnt. Er stellt mit wachsendem Entsetzen fest, daß er kein Spiegelbild mehr besitzt, keinen Schatten mehr wirft und keine Fußspuren mehr hinterläßt. Erst wenn er endgültig eingesehen hat, daß er tot ist, begibt er sich zu einer Mühle an der Grenze des Totenreiches. Von dort gehen drei Wege aus. Einer führt in den Himmel, die beiden anderen in die Hölle, die im Bon-Glauben eine wichtige Rolle spielte. Welchen Weg der Verstorbene einschlagen darf, darüber entscheidet das Gewicht der guten und der schlechten Taten in seinem Leben.

So ist der Sherpa zeit seines Lebens bemüht, seine Verdienste zu vergrößern. Er erwartet sich jedoch dadurch nicht Wohlbefinden und Reichtum in diesem Leben, sondern verspricht sich Seligkeit und Befreiung von allen Leiden im Jenseits. Solche Verdienste werden erworben durch Gebete und Rezitieren der heiligen Schriften, durch das Drehen von Gebetsmühlen und Umschreiten von Tempeln. Als besonders abstoßend gilt es dagegen, ein Kind zum Weinen zu bringen. Dadurch vermindern sich die Verdienste genauso wie durch Streit, Diebstahl, Betrug oder das Töten eines lebenden Wesens. Als Inbegriff aller Tugenden wird das Mitleid mit allen Lebewesen angesehen. Körperliche Kraft und intellektuelle Überlegenheit gelten bei den Sherpa nicht sehr viel. Angesehen ist ein Mensch, der die Gabe der Vermittlung zwischen Streitenden erworben hat.

Sexuelle Freizügigkeit wird nicht nur den jungen Männern, sondern auch den unverheirateten Frauen zugestanden. Das Eherecht und das Erbrecht der Sherpa zeugt von tiefer Achtung vor den Rechten und der Eigenständigkeit des Individu-

Seite 159: ›Tanz der Götter der vier Himmelsrichtungen‹. Die rote Maske symbolisiert den Gott des Westens, der auch als Schlangengott angesehen wird.
Blau kennzeichnet den Gott des Nordens, den Gott der Weisheit. Hauptaufgabe dieser Götter ist es, die aus allen Himmelsrichtungen einfallenden Dämonen abzuwehren.

Seite 160 oben: Unter den acht Gottheiten, die den buddhistischen Glauben verteidigen, steht an fünfter Stelle der Gott des Reichtums (weiße Maske).

Seite 160 unten: Unter den zahlreichen Besuchern des Tanzfestes sind auch die Nonnen aus dem benachbarten Kloster Deboche, das zwei Stunden Fußmarsch von Tengpoche entfernt liegt.

Seite 161: Im Verlauf des zehnstündigen Tanzdramas tritt auch der von den Sherpa als Gott verehrte Mystiker und Reformator Padmasambhava auf.
Er vereinigte im 8. Jahrhundert die animistische Bon-Religion mit dem Buddhismus und schuf so den Lamaismus, die tibetische Form des Buddhismus. Bei seinem Auftritt im Klosterhof führt er vor, wie er den Kampf gegen die bösen Mächte aufnehmen und siegreich beenden wird.

ums. So gibt es keine Unauflöslichkeit der Ehe. Wenn einer der Partner sich vom anderen trennen will, so teilt er dies der Verwandtschaft im Rahmen eines Festes mit. Geschieht die Trennung gegen den Willen des anderen Partners, so muß dieser finanziell entschädigt werden.
Die Sherpa sind einer der wenigen Volksstämme, bei denen es Polyandrie gibt. Eine Sherpafrau kann offiziell bis zu sechs Männer haben. Die Einehe ist zwar die gebräuchlichste Form des Zusammenlebens, doch gibt es immerhin bei zehn Prozent der bestehenden Ehen Verbindungen eines einzelnen mit mehreren Partnern. Besitzt eine Frau mehrere Männer, dann handelt es sich dabei immer um die jüngeren Brüder ihres eigentlichen Mannes. So bleibt in Familienbesitz, was schon immer in Familienbesitz war, und das kostbare Nutzland, das sich bei den Sherpa ausschließlich in Privatbesitz befindet, muß nicht aus erbrechtlichen Gründen aufgeteilt werden.
Im Laufe des zweiten Tages des Mani Rimdu treten noch viele tanzende Götter und Dämonen auf. Um nur einige zu nennen: Mgon-Po, der wichtigste unter den acht mächtigsten Beschützern des Buddhismus; Lha-mo, die einzige Frau unter den acht Leibwächtern des Dalai Lama, des tibetischen Priesterkönigs; Kuvera, der Gott des Heils und der Gesundheit. Der Tanz des Padmasambhava erinnert an den tibetischen Mystiker des 8. Jahrhunderts, der Bon-Religion und Buddhismus vereint hat. Der Gott der Sherpatäler ist mit einem Speer bewaffnet, um die Region Solu-Khumbu gegen die Mächte des Bösen zu verteidigen. Als lokale Gottheit ist er für die Sherpa von besonderer Bedeutung.
Das Tanzdrama des Mani Rimdu endet kurz vor Anbruch der Nacht. Die erschöpften Mönche und die vom langen Zusehen angestrengten Gläubigen hoffen inständig, daß nun die bösen Mächte gebannt und die guten gnädig gestimmt sind. Bei Einbruch der Dunkelheit fällt auch eine eisige Kälte von den Bergen.
Aus dem Klosterhof hört man die ganze Nacht über die Stampftänze und Lieder der Sherpa. Mit diesen Tänzen und Chang, dem selbstgebrauten Gerstenbier, halten sie sich warm und feiern den Sieg der guten Mächte.

Seite 162: In mehreren Tänzen treten die Mönche des Klosters als Schwarzhutmagier auf. Sie verkörpern die Einheit des Buddhismus mit der uralten Bon-Religion.

In dieser Höhe stellt sich der Schlaf bei uns nur selten und sehr schwer ein. Die Nächte im Schlafsack werden unendlich lang. Bilder des vergangenen Tages tauchen wieder auf, vermischen sich mit früheren Eindrücken. Erinnerungen an ungewohnte Geräusche und Gerüche werden wach. Alles greift ineinander, mosaikhaft, blitzartig, überlagert sich:
Immer wieder die lange Reihe unserer Trägerinnen, ihr Lachen; die schmalen Stege über reißenden Gebirgsflüssen, immer neue Berggipfel tauchen auf, Wohnsitze der Götter. Nebel jagt die Schluchten hoch, verschlingt die Dörfer, die Berge. Von weit weg die Trompetenstöße der Mönche und ihre Gebete. Das Aufwärmen der Hände am nächtlichen Feuer – der Rücken bleibt kalt. Diese mächtigen Gletscher und Geröllhalden, die winzigen Siedlungen, tief unten gelegen. Die feuerroten Wolken und die blauen Eisberge in der Morgendämmerung. Ständig drehen sich die Gebetsmühlen in den Händen der Sherpa.
Die Pfiffe der Viehhirten und das Echo ihrer Rufe ziehen aus den Tälern hoch. Und immer und überall die freundlichen, lachenden Menschen. Auch im dunklen, rauchigen Innern der Häuser der Sherpa, an der Decke halbierte, geschlachtete Tiere für Trockenfleisch. In der Küche die übergroßen Kupferkessel, das ständige Butterstampfen. Das fröhliche Gekicher, die herausgestreckten Zungen der Trägerinnen – ihre Art der Sympathiekundgebung, ihre Schönheitspflege mit ranziger Butter im Haar. Die tiefe Andächtigkeit der kahlgeschorenen Nonnen beim Fest. Buddhistische Chörten, Reliquienschreine, unübersehbar in der Landschaft, Orientierungspunkte. Die Wanderungen der Seelen auf dem Dach der Welt. Höhenkranke Ausländer werden zu Tal getragen. Das Elend in ihren Gesichtern. Der Zug der Mönche durch den Nebel zurück ins Kloster. Das Innere des Klosters ist nur durch Butterlampen erhellt. Das Licht lebt. Dazwischen plötzlich die wilden, grellfarbigen Masken, schwungvolle Drehungen und beschwörende Gesten. Die monotone Begleitmusik beginnt zu faszinieren. Der Geschmack des ungewohnten Buttertees steigt wieder auf und der Geruch von Räucherstäbchen und wohlriechenden Kräutern. Und immer wieder die rote Klostermauer vor schneebedeckten Bergen. Der Klang der kupfernen Blashörner und Knochentrompeten. Die Halsketten, Zaubersteine und Glücksbringer der Sherpa.

Die Erde bebt von den nächtelangen Stampftänzen. Im Wind flattern Gebetsfahnen. Aufgeschichtete Mani-Mauern, der ununterbrochene Wirbel der Handtrommeln. Der makabre Tanz der Herren der Leichenäcker, die nächtlichen Gebete der Mönche am Feuer, Zauberformeln. Die Vielzahl der Farben und Gerüche auf einem Sherpamarkt. Geschmack und Wirkung des selbstgebrauten Bieres. Und immer wieder das Warten auf die Morgendämmerung. Die prächtigen, farbenfrohen Gewänder der Tänzer, Geschenke und Opfer der Sherpa für Abt und Mönche. Die wohltuende Frische der eiskalten Bäche bei der Rast und das wärmende Feuer in den Häusern unterwegs. Die sternklaren Nächte am Fuße der höchsten Berge, der Jubelschrei der Zuschauer nach dem Sieg über die Dämonen. Dann bringt ein Sherpa Tee – es dämmert. Morgen nacht werden die Bilder wiederkommen, sich anders mischen, mit neuen Eindrücken durchsetzt.

Eine rituelle Versammlung der Mönche am Abend des dritten und letzten Tages soll die Tänze und Gebete der Vortage in ihrer Wirkung festigen. Es werden nochmals Gebete gesprochen, nochmals Reis und Torma-Opfergaben dargebracht. Außerdem werden kleine Pergamentrollen ins Feuer geworfen, auf denen magische Formeln und Sprüche aufgezeichnet sind. Das Ende dieser nächtlichen Zeremonie bedeutet zugleich das Ende alles Bösen.
Abschied von Tengpoche. Nach drei Tagen, die von religiösen Zeremonien, Gebeten und kultischen Tänzen erfüllt waren, nach drei durchtanzten Nächten ziehen die Sherpa weiter. Jetzt beginnt wieder der Alltag, hart und entbehrungsreich.
Noch gilt das Erdulden von Armut als gutes Werk, das nach dem Tode angerechnet wird. Aber es gilt durchaus nicht mehr als selbstverständlich, daß die nächsten Generationen der Sherpa diese Lebensweise unverändert übernehmen werden. Als Träger und Bergführer verdienen sie zwar am Tourismus, aber dieser Verdienst verändert auch ihr Bewußtsein. Sie verspüren Konsumwünsche, die ihnen früher unbekannt waren. Und so hat auch bei den Sherpa eine Entwicklung begonnen, die weiter unten im Kathmandutal schon weit fortgeschritten ist: der Zerfall einer bäuerlichen Gesellschaftsstruktur.

Seite 165 oben: In den kurzen Pausen des Tanzfestes werden die Zuschauer von den Mönchen mit Obst, Tee, Joghurt und Brot bewirtet.

Seite 165 unten: Der Gott des Nordens und der Weisheit beim ›Tanz der Götter der vier Himmelsrichtungen‹.

Seite 166/167: Am frühen Morgen zeigt sich das Kloster Tengpoche unverhüllt. Umgeben von den höchsten Bergen der Welt (in der Bildmitte der heilige Berg Amai Dablang, 6856 Meter hoch) liegt es an einem der schönsten Plätze dieser Erde.

Seite 168/169: Die zahlreichen Pilgerunterkünfte im Tempelbezirk von Pashupatinath sind in der Nacht des Bala Chaturdasi überfüllt von Gläubigen aus ganz Nepal, die hierher gepilgert sind, um für ihre Angehörigen, die im vergangenen Jahr gestorben sind, zu beten.

Bala Chaturdasi

Das Totenfest in Pashupatinath.
Der Tod als Schwelle zum nächsten Leben.

»In Nepal ist die wichtigste aller irdischen Pflichten, den Bedürfnissen der Seelen der verstorbenen Angehörigen und Ahnen gerecht zu werden und ihnen zu opfern, da ihre Geister lebendig bleiben und ständiger Pflege und Verehrung bedürfen. Das Frühstück wird nicht eingenommen, bevor nicht auch den Geistern der Toten Essen und Wasser angeboten wurde. Die Nepali halten besondere religiöse Zeremonien ab und opfern regelmäßig Geschenke für die Seelen, um ihr Wohlbefinden, ihr Glück und ihre Wiedergeburt auf einer höheren Stufe sicherzustellen. Doch dient dies auch dazu, den Hinterbliebenen selbst religiöse Verdienste zukommen zu lassen, die ihnen ein besseres Leben verheißen, wenn sie nach ihrem Tode wiedergeboren werden.
In vielen Familien werden Ahnen als Hausgötter verehrt, die bei richtiger Umsorgung die einzelnen Angehörigen gegen Unglücksfälle schützen. Werden sie schlecht behandelt oder vernachlässigt, verwandeln sie sich in bösartige Geister, spuken in den Häusern der Lebenden und verursachen Unglück und Störungen jeder Art.«*
Bala Chaturdasi, mit Beginn des Winters im heiligen Bezirk von Pashupatinath gefeiert, ist eines der großen Totenfeste im Tal. Es gilt in erster Linie den im vergangenen Jahr Verstorbenen, für deren Angehörige die Teilnahme am Fest auch heute noch Pflicht ist.

Zehntausende strömen ins Tal. Viele haben tagelange Fußmärsche hinter sich. An ihren Kleidern, am Schmuck der Frauen erkennt man die unterschiedlichsten Volksgruppen. Für die Tage, die sie unterwegs sind, und für das 24stündige Fest selbst haben sie sich mit Proviant versorgt.

In ihren Tragkörben bringen sie die für die Opferhandlungen benötigten Zutaten wie Reis, Farbpulver, Öl, Eier und Blumenblätter mit sowie selbstgefertigte Fackeln, mit roten Bändern umwickelt, die Freude und Glück symbolisieren. Die ganze Nacht über werden sie im weitläufigen Tempelbezirk von Pashupatinath für die Toten brennen und deren Andenken wachhalten. Überall um die Tempel herum, in Nischen, unter Arkaden, auf Treppen, unter Bäumen, hinter Mauern und unter Brücken werden sich die Menschen auf offenen Feuern die für diesen Tag vorgeschriebene Mahlzeit bereiten. Bis Sonnenaufgang werden sie abwechselnd Totenwache halten und sich notdürftig in der eisigen Nacht am Feuer wärmen. Sie halten die vorgeschriebenen Opferzeremonien ab, singen religiöse Lieder, rezitieren laut aus heiligen Schriften. Nach dem Opfer werden die Blätterteller mit den brennenden Dochten und den Resten der Fackeln dem heiligen Fluß Bagmati übergeben. Tausende von Lichtern treiben dann in die Ferne, begleitet von den guten Wünschen der Hinterbliebenen für ein besseres Leben der Toten, denen diese Nacht gewidmet ist.
Nach einem Besuch des Tempels sowie einem Bad im heiligen Fluß machen sich die einzelnen Familien wieder auf den Weg nach Hause, vorbei an Bettlern, die an der heiligen Stätte auf eine kleine Spende hoffen, vorbei an Zuckerbäckern und Saddhus, an Wahrsagern und kleinen Händlern, die für diesen einen Tag bis aus Indien ins Kathmandutal hinaufgekommen sind.
Die Menschen, die am Totenfest teilgenommen haben, strahlen Heiterkeit aus. Sie sind sich dessen gewiß, daß sie ihren Toten ein Stück weitergeholfen und durch ihre Teilnahme für sich selbst Verdienste erworben haben, die ihnen ein besseres Leben nach ihrer Wiedergeburt verheißen. Schöner kann man Pashupatinath nicht erleben, als in dieser Nacht.
Das Wichtigste im Leben eines Nepali ist sein Tod. Um sicher sein zu können, daß die festgelegten Totenriten sorgfältig ausgeführt werden, wird er bereits mit der Geburt Mitglied einer sogenannten ›Sterbe-Guthi‹, einer Organisation, die nach seinem Tode die ordnungsgemäße Durchführung aller notwendigen Zeremonien vornimmt. Von einer jungen Frau erwartet man, daß sie im ersten Jahr ihrer Ehe ein Kind bekommt. Alle hoffen auf einen Sohn, der die Stellung der Frau innerhalb der Großfamilie festigen würde. Söhne sind so überaus wichtig, weil nur männliche Mitglieder einer Familie bestimmte Totenzeremonien vollziehen können. Die Sorge, ohne Sohn zu bleiben, und damit die Ungewißheit eines besseren zukünftigen Lebens lastet auf jeder jungen Nepalifamilie. Bei der Einrichtung eines Hauses achtet man genau darauf, daß die Schlafgelegenheiten

Seite 170: Die ›Nacht der Toten‹ wird erhellt von den unzähligen Feuerstellen der Gläubigen. Die Flammen tauchen den ganzen heiligen Bezirk in ein unruhig flackerndes goldgelbes Licht. Das Feuer brennt für die Toten und wärmt die Lebenden.

* Marry Anderson: The Festivals of Nepal. London 1971

nicht so ausgerichtet sind, daß die Füße nach Süden, in die Richtung des Totenreiches, zeigen. Auch darf der Kopf nicht nach Norden zu liegen kommen, da nur Tote so aufgebahrt werden.

Stirbt jemand, so sind alle Guthimitglieder verpflichtet, den anschließenden Feierlichkeiten beizuwohnen. Es erleichtert der Seele den Übergang ins Jenseits, wenn der Tod am heiligen Wasser eintritt. Deshalb bringen die Angehörigen ihre Sterbenden in das Totenhaus am Fluß, um sie kurz vor dem Ableben mit den Füßen ins Wasser zu legen und ihren Nabel mit Wasser zu benetzen.

Stirbt jemand in der Stadt, ziehen Klageweiber vom Haus des Toten durch sein Stadtviertel und künden vom Ableben. Der Leichnam wird über eine genau festgelegte Route, die ›Straße der Toten‹, zum Fluß getragen. Barfuß und ohne Kopfbedeckung folgen die männlichen Mitglieder der Sterbeguthi dem Zug. Am Ghat, dem rituellen Badeplatz, wird der Tote abgelegt und rituell gereinigt. Seine Kleider bekommen die Kastenlosen. Nach Abschluß der Zeremonie wird der Körper auf die der Stadt abgewandte Seite des Flusses gebracht. Der älteste Sohn zündet den Leichnam an. Nach einigen Tagen versammeln sich die Guthimitglieder noch einmal im Haus des Toten und bereiten ihm im Innenhof eine Mahlzeit. Die Seele des Toten kommt zurück, nimmt ihre Lieblingsspeise zu sich und bringt damit ihre Zufriedenheit mit dem Ablauf der Totenfeier zum Ausdruck. Dann geht sie ins Jenseits und kehrt irgendwann in der Form eines anderen Lebewesens wieder auf die Erde zurück. Ein Jahr lang bleibt das Haus unrein, erst dann kann die Familie wieder an öffentlichen Festen teilnehmen.

Seit der Schließung der tibetischen Grenze durch die Chinesen wurde das sagenumwobene ›Land im Osten‹, Nepal, zum Shangri-La, zum geheimnisvollen, magischen Paradies aller Asienreisenden. Ein ständig anschwellender Strom von derzeit nahezu 300 000 Touristen im Jahr überschwemmt das Land – in erster Linie das Kathmandutal – und läßt eine der letzten mittelalterlichen Hochkulturen Asiens sterben.

Noch sind bei den meisten Festen keine Touristen anzutreffen, denn Beginn und Ort der einzelnen Feierlichkeiten sind meist nicht im voraus bekannt, sondern werden von Astrologen und Priestern gemeinsam in stundenlangen Zeremonien hinter verschlossenen Tempeltüren berechnet und festgelegt.

Neunzig Prozent der Touristen sind aber nur jeweils drei Tage im Land. Und wer will es sich bei einem teuer bezahlten Vollzeitprogramm schon leisten, viele Stunden mit Warten auf den Beginn eines Festes zu verbringen?

Seit Nepal sich geöffnet hat und am Westen orientiert, wird zumindest von der Stadtbevölkerung mehr und regelmäßigere Arbeit verlangt. Wer kann es sich aber über Jahre hinweg erlauben, nachts an anstrengenden, stundenlangen Pujas teilzunehmen, und trotzdem tagsüber ganze Arbeit leisten? Und das in einer Zeit, in der der Kampf ums Überleben immer härter wird.

Die Alten feiern auch heute noch mit Begeisterung und Überzeugung, und auch ihre Kinder feiern noch mit. Aber das Traditionsbewußtsein der Jungen wird längst überlagert von ganz anderen Interessen. Wünsche nach westlichen Konsumgütern sind wachgeworden, und schon überrollen

Seite 173: Für ihre Toten entzündet in dieser Neumondnacht jede Familie eine Fackel, die aus ölgetränkten Lumpen gefertigt wurde. Sie wird die ganze Nacht über brennen.

Seite 174: Das Licht dieser Fackeln beschwört das Andenken an die Verstorbenen, und die nächtlichen Gedanken und Gebete helfen ihnen auf ihrem Weg zu einem besseren Leben nach ihrer Wiedergeburt.

Seite 175: Im Shivatempel und an den nahegelegenen Badeplätzen drängen sich die ganze Nacht hindurch die Gläubigen, um die vorgeschriebenen rituellen Handlungen zu vollziehen.

Seite 176: Nach einer Nacht voller Gebete und Opferhandlungen für ihre Toten richtet diese Newarfrau im Morgengrauen ihrem Mann ein Puja aus, ein Brauch, der in den traditionsbewußten Familien auch heute noch Tag für Tag praktiziert wird.

Seite 177: Lingam und Yoni, männliches und weibliches Symbol der Fruchtbarkeit, der Schöpfung und auch der Wiedergeburt. Überall auf dem weitläufigen Gelände von Pashupatinath befinden sich derartige Darstellungen aus Stein, die an den Festtagen von den Gläubigen aufgesucht werden, um ihnen Opfergaben darzubringen.

Seite 178: Wer nicht das Glück hatte, in einem der unmittelbar am heiligen Wasser gelegenen Sterbehäuser zu sterben, und dort auch verbrannt zu werden, dessen Leichnam wird von den Familienangehörigen zu einem der vorgeschriebenen Verbrennungsplätze gebracht.

Seite 179: Ist im Ort jemand gestorben, ziehen Klageweiber durch die Straßen und verkünden seinen Tod.

chinesische Fahrräder, Motorräder und Autos aus Japan, landwirtschaftliche Maschinen und Flugzeuge in besorgniserregender Anzahl das Land. Die meisten Nepali realisieren nicht, wohin diese Entwicklung führt. Wenn sie aber begreifen werden, welchen Preis die westliche Zivilisation ihnen abverlangt, wird es zu spät sein.

Die nächste Generation wird die harte Arbeit, die mit der Durchführung der Feste verbunden ist, und bei der man sich nur religiöse Verdienste erwerben kann, nicht mehr unentgeltlich verrichten, sondern in erster Linie wegen der Trinkgelder fotografierender Touristen, die dann auf Ehrentribühnen entlang der Prozessionsstrecken sitzen und Eintritt gezahlt haben. (In Kathmandu wird dies beim Indra Jatra bereits praktiziert!) Den aktiven Teilnehmern an den Festen wird es dann gleichgültig sein, ob sie sich damit die Chance eines sozialen Aufstiegs bei ihrer Wiedergeburt erwerben. Auch in Nepal beginnt der Glaube seine bestimmende Macht im Leben der Talbewohner einzubüßen.

Seite 180: Frauen, Männer und Kinder geben den Toten das letzte Geleit bis zum Verbrennungsplatz. Bei der Verbrennung selbst sind nur die männlichen Familienmitglieder anwesend – so lange, bis die Asche dem heiligen Wasser anvertraut wurde und der Kreislauf der Wiedergeburt einsetzt.

Feste in Nepal

Januar – Februar

Seto Machhendras Bad

Heiliger Monat Magh

Bhimsen Jatra

Basant Panchami

Mila Punhi

Lichterfest

Februar – März

Shiva Ratra

Holi

März – April

Netha Madhu Ajima

Pisach Chaturdasi

Pahachare

Ghora Jatra

Nala Lokeswar Jatra

Adinath Jatra

Chait Dasain

Seto Machhendra Rath Jatra

Rato Machhendras Bad

Lhuti Punhi

Bisket Jatra

Bal Kumari Jatra

Bodegaon Jatra

April – Mai

Mata Tirtha Puja

Rato Machhendra Jatra

Mai – Juni

Bhoto Jatra (Ende des Rato Machhendra Jatra)
Dieses Datum kann nicht berechnet werden. Das Fest kann ein, zwei, aber auch länger als drei Monate dauern.

Buddha Jayanti

Sithinaka oder Kumar Sashti

Juli – August

Ghantakarna

Heiliger Monat Gunla (Newarwort für Srawan)

Nag Panchami

Vanra Jatra in Patan

Janai Purne

August – September

Gai Jatra

Mata Ya

Krishna Jayanti

Vanra Jatra in Kathmandu

Gokarna Aunsi

September – Oktober

Teej

Ganesh Chata

Rishi Panchami

Indra Dhoj

Kumari Jatra oder Indra Jatra

Sorha Shraddha

Durga Puja oder Dasain

Pachali Bhairab

November – Dezember

Tihar – Lakshmi Puja

Hari Bodhini Ekadasi

Mahalakshmi Jatra

Gujeswari Jatra

Indriani Puja

Bala Chaturdasi

Mani Rimdu im Kloster Tengpoche in der Sherparegion Solu-Khumbu

Kalender

Das nepalische Jahr ist wie das westliche in 12 Monate aufgeteilt. Der Monatsanfang fällt jeweils etwa auf den 15. Tag des entsprechenden westlichen Monats. Das neue Jahr beginnt Mitte April.

Die nepalischen Monate					entsprechen dem Zeitraum :
Baisakh	Mitte	April	–	Mitte	Mai
Jeysth		Mai	–		Juni
Ashar		Juni	–		Juli
Srawan		Juli	–		August
Bhadra		August	–		September
Ashwin		September	–		Oktober
Kartik		Oktober	–		November
Mangsir		November	–		Dezember
Push		Dezember	–		Januar
Magh		Januar	–		Februar
Phalgun		Februar	–		März
Chaitra		März	–		April

Bei den unregelmäßig stattfindenden Schaltjahren wird zur Korrektur gelegentlich ein 13. Monat eingeschoben (Vgl. Seite 152 Mani Rimdu).
Die nepalische Zeitrechnung ist der unseren um 57 Jahre voraus. Am 14. April 1983 begann das Jahr 2040 (der sogenannten Bikram Samba-Ära). Die Legende berichtet, daß vor 2040 Jahren ein König im Kathmandutal eine so große Menge Gold fand, daß er beschloß, damit alle Schulden seiner Untertanen zu begleichen und eine neue, schuldenfreie Ära zu beginnen.
Als Grundlage zur Berechnung der einzelnen Festtage soll die Tabelle auf Seite 184 dienen. Sie setzt nur die Kenntnis der jeweiligen Vollmond- oder Neumondtage, wie sie in jedem unserer Kalender Jahr für Jahr angegeben werden, voraus.
Das Sherpafest Mani Rimdu ist in der Tabelle nicht angeführt, da sein Beginn nach dem tibetischen Mondkalender berechnet wird. In der Regel wird es in den Tagen um den Novembervollmond gefeiert.

Die wichtigsten Feste im Kathmandutal

Sehenswert	Name des Festes	Ort	Tag im Mondkalender
****	Seto Machhendras Bad	Kathmandu	8. Tag des wachsenden Mondes bis Vollmond PUSH
*	Heiliger Monat Magh	Sankhu, Patan	Vollmond PUSH bis Vollmond MAGH
*	Bhimsen Jatra	Bhaktapur	Tag nach Vollmond PUSH
*	Bhimsen Jatra	Kathmandu	3 Tage vor Vollmond MAGH
**	Basant Panchami	Kathmandu/ Swayambhu	5. Tag des zunehmenden Mondes MAGH
*	Mila Punhi	Changu Narayan, Kathmandu	Vollmond MAGH
***	Lichterfest	Bouddha	Vollmond MAGH
****	Shiva Ratri	Pashupatinath	Nacht auf Neumond PHALGUN
**	Holi	Kathmandutal	8. Tag des wachsenden Mondes bis Vollmond PHALGUN
***	Pisach Chaturdasi und Pahachare	Kathmandu	1 Tag vor Neumond bis 1 Tag nach Neumond CHAITRA
****	Ghora Jatra	Kathmandu, Patan	Neumond CHAITRA
*	Nala Lokeswar Jatra	Nala	1.–3. Tag des abnehmenden Mondes CHAITRA
*	Adinath Jatra	Chobar	1.–9. Tag des zunehmenden Mondes CHAITRA
*	Chait Dasain	Kathmandu	8. Tag des zunehmenden Mondes CHAITRA
****	Seto Machhendra Rath Jatra	Patan	8. Tag des zunehmenden Mondes CHAITRA
*	Lhuti Punhi	Balaju, Nagarjun, Bouddha	Vollmond CHAITRA
***	Rato Machhendras Bad	Patan	1. Tag nach Vollmond CHAITRA
****	Bisket Jatra	Bhaktapur	Nach dem Sonnenkalender 4 Tage vor dem Newar-Neujahr bis 4 Tage nach Neujahr
****	Bal Kumari Jatra	Thimi	1. Tag nach dem Newar-Neujahr
****	Bodegaon Jatra	Bodegaon	1. Tag nach dem Newar-Neujahr
*	Mata Tirtha Puja	Mata Tirtha	Neumond BHAISAK
***	Rato Machhendra Jatra	Patan	**Beginn:** 4. Tag nach Neumond BHAISAK
****	Bhoto (Rato Machhendra) Jatra	Patan/Jawalakhel	**Ende:** kann nicht vorausbestimmt werden Das Fest kann bis zu 3 Monate dauern!
***	Buddha Jayanti	Swayambu, Patan, Bouddha	Vollmond BHAISAK
*	Sithinaka oder Kumari Sashti	Kathmandu	6. und 7. Tag des zunehmenden Mondes JEYSTH
	Der heilige Monat GUNLA (ist das Newarwort für SRAWAN)	Kathmandu/Patan	14 Tage vor Vollmond SRAWAN bis 14 Tage nach Vollmond SRAWAN
*	Ghantakarna	Kathmandu, Patan	Tag vor Neumond SRAWAN
	Nag Panchami	Kathmandutal	5. Tag des zunehmenden Mondes SRAWAN
****	Janai Purne	Patan, Gosainkund, Pashupatinath	1 Tag vor Vollmond und am Vollmondtag SRAWAN
****	Gai Jatra	Kathmandu Tal	Tag nach Vollmond SRAWAN
****	Mata-Ya	Patan	2. Tag nach Vollmond SRAWAN
**	Vanra Jatra	Patan	8. Tag des wachsenden Mondes SRAWAN
**	Krishna Jayanti	Patan, Kathmandu	7. Tag des abnehmenden Mondes BHADRA
*	Vanra Jatra	Kathmandu	2 Tage vor Neumond BHADRA
*	Gokarna Aunsi	Gokarna	Neumond BHADRA
***	Teej (Frauentag)	Teku, Pashupatinath	3. Tag nach Neumond BHADRA
	Ganesh Chata	Kathmandutal	4. Tag nach Neumond BHADRA
***	Rishi Panchami	Pashupatinath, Teku	5. Tag nach Neumond BHADRA
****	Indra Dhoj	Kathmandu	12. Tag nach Neumond BHADRA
****	Kumari Jatra	Kathmandu	Tag vor Vollmond BHADRA
	Sorha Shraddha	Kathmandutal	Vollmond BHADRA bis Tag nach Neumond ASHWIN
****	Durga Puja oder Dasain	Kathmandutal, insb. Bhaktapur	Tag nach Neumond bis Vollmond ASHWIN Bes. sehenswert: 7., 8. und 9. Tag nach Neumond
**	Pachali Bhairab	Kathmandu	4. und 5. Tag nach Neumond KARTIK
*	Tihar	Kathmandutal	2 Tage vor bis 2 Tage nach Neumond KARTIK
****	Lakshmi Puja-Lichterfest	Kathmandutal	Neumond KARTIK
*	Hari Bodhini Ekadasi	Changu Narayan	6 Tage nach Neumond bis Vollmond MANGSIR
*	Mahalakshmi Jatra	Thankot	1 Tag vor bis 1 Tag nach Vollmond MANGSIR
*	Gujeswari Jatra	Gujeswari	10. Tag des abnehmenden Mondes MANGSIR
	Indriani Puja	Kathmandu	2 Tage vor bis Neumond MANGSIR
****	Bala Chaturdasi	Pashupatinath	Tag vor Neumond MANGSIR

Glossar

Ajima
Bezeichnung für eine bedeutende Muttergottheit. Neta Madhu Ajima beispielsweise ist eine dieser großen Muttergottheiten. Sie herrscht über den Stadtteil Neta von **Kathmandu**, der auch Nar Devi genannt wird, wo man ihr in der Zeit des Pahacharefestes Tieropfer bringt.

Amai Dablang
Heiliger Himalayaberg im Gebiet des Mount Everest. Wörtlich: ›Mutter Amulettkasten‹. Der Gipfel des Berges darf nicht bestiegen werden.

Asta Matrika
Die **Newar**städte im Kathmandutal sind jeweils von acht Schreinen umgeben, die Inkarnationen der Göttin **Durga** geweiht sind. (Asta Matrika = 8 Muttergottheiten). Diese acht Schreine umschließen die Städte symbolisch wie eine Art Wall und schützen sie nach außen. Die Asta Matrika treten als Masken bei verschiedenen Festen auf. In **Patan** als Asta Matrika, in **Bhaktapur** als **Nava Durga**.

Bagmati
Fluß, an dem **Kathmandu** und **Pashupatinath** liegen.

Baha
Nepalisches, buddhistisches Kloster mit Wohnzellen.

Bal Kumari
Die jungfräuliche Göttin, nicht in der Gestalt eines kleinen Mädchens – der lebenden **Kumari**, sondern in Form von Bildnissen, die in einem Tempel stehen. Dargestellt wird die Kumari als Frau auf einem Pfau reitend. Bal Kumaris gibt es in den vier Ortschaften **Thimi, Patan, Myati** und **Mangalpura**.

Bauddha
Der **Stupa** von Bauddha (Bodhnath) ist schon seit dem fünften Jahrhundert ein wichtiges buddhistisches Pilgerziel. Seine Anlage mit dem fünffachen Unterbau, der Kuppel und dem Turm entspricht einem **Mandala**, das heißt einer symbolischen Darstellung des Weltalls.

Betal
Schutzgottheit in **Bhaktapur**. Während des **Bisket**festes nimmt er – an der Deichsel des Tempelwagens festgebunden – an allen Prozessionen teil.

Bhairab
Die schreckliche Form von **Shiva**. Er ist der ewig zornige Gott, aber auch ein schutzbietender Gott, der die Dämonen unterwirft.

Bhaktapur
Mit heute ca. 50 000 Einwohnern das kleinste der ehemaligen drei Stadtkönigreiche im Kathmandutal. Die Atmosphäre einer typischen mittelalterlichen **Newar**stadt ist erhalten geblieben. Die Stadt besitzt herrliche Bauten vor allem aus dem frühen 18. Jahrhundert. In der Stadt sind drei **Kumaris** ansässig.

Bhote
Nach Nepal eingewanderter tibetischer Volksstamm.

Bhupatindra Malla
Die herausragendste Persönlichkeit unter den Herrschern **Bhaktapurs**. Während seiner Regierungszeit (1696–1722) entstanden die schönsten und bedeutendsten Bauten und Kunstwerke in der Stadt.

Bodegaon
Reines **Newar**dorf in unmittelbarer Nachbarschaft von **Thimi**. Im Anschluß an das große **Bal Kumari**-Fest in Thimi findet hier in kleinerem Rahmen ein weiteres Fest zu Ehren der Bal Kumari statt.

Bodhisattva
Ein Mensch oder himmlisches Lebewesen, das zunächst auf seine Erlösung und den Eingang ins **Nirwana** verzichtet und statt dessen auf die Erde zurückkehrt, um anderen Lebewesen zur Erlösung zu verhelfen.

Bon-Religion
Bezeichnung für die religiösen Vorstellungen und Riten der vorbuddhistischen Zeit in Tibet.

Brahma
Eine der drei obersten Gottheiten des **Hinduismus**. Er wird als der Weltenschöpfer verehrt.

Brahmanen
Angehörige der besonders geachteten obersten Kaste der Hindus. Ursprünglich Priester, dann auch Gelehrte, Politiker, Beamte. Der höchste Rang innerhalb der Kaste wird von den Gelehrten eingenommen.

Brahmayani
Die Frau von **Brahma**. Einer der Badeplätze von **Bhaktapur**, mit dem Schrein der Göttin.

Buddhismus
Die von Buddha (um 550–477 v. Chr.) gestiftete Religion: Alles Leben ist nach dem Buddhismus unablässigem Leiden unterworfen. Befreiung von den Leidenschaften, vom Willen zum Leben, hebt das Leiden auf. Nur die von Buddha erlangte und gelehrte Erkenntnis kann zur Erlösung aus dem Kreislauf der Geburten führen. Jeder einzelne muß sich aus eigener Kraft erlösen durch ein streng sittliches Leben unter schrankenloser Selbstaufopferung zum Wohle seiner Mitgeschöpfe. Der Zustand seliger Ruhe, in die der Erlöste eingeht, ist das **Nirwana.** In der Form des **Mahayana**-Buddhismus wurde er zur Weltreligion, die auf friedlichem Wege weite Teile Ostasiens eroberte, sich aber nach Ländern und Völkern stark abwandelte. Er drang bereits im 3. Jh. v. Chr. in die Himalayaländer, im 1. Jh. n. Chr. in Tibet und China ein.

Bungamati
Kleines **Newar**dorf südwestlich von Patan. Die Hälfte des Jahres ist hier in einem Tempel das Bild des Roten **Machhendranath** untergebracht. Im Dorf lebt eine sehr angesehene **Kumari**.

Chabahil
Ort zwischen **Pashupatinath** und **Bauddha** (Bodhnath). Wohnort der Chabahil-**Kumari**.

Chang
Selbstgebrautes Gerstenbier der **Sherpa**. Zuweilen auch aus Hirse, Reis, Weizen oder Mais hergestellt.

Chetri
Hinduistische Volksgruppe in Nepal. Indischer Herkunft.

Chörten
Bei den **Sherpa** gebräuchliche Form des tibetischen **Stupa**. Massives Bauwerk. Enthält nur eine Reliquie oder die Asche eines bedeutenden **Lama**.

Chowk
Umbauter Innenhof eines palastähnlichen Gebäudes.

Dalai Lama
Titel der Nachfolger des tibetischen Reformators **Tsongkapa**. Im **Lamaismus** gilt er als das weltliche Oberhaupt des hierarchisch geordneten Priesterstaates.

Devapatan
Auch Kirtipunya. Frühere Königsstadt am nordöstlichen Stadtrand von **Kathmandu**. Das heutige Dorf trägt den Namen **Chabahil**.

Dharma
Das große Weltgesetz des **Hinduismus** vom ewigen Entstehen und Vergehen. Das Rad des Lebens.

Dschainismus
Nach dem Ehrennamen ihres Gründers Wardhamana (gest. zwischen 477 und 467 v. Chr.) benannte indische Religion. Glaube an Seelenwanderung, allmähliche Läuterung durch gute Taten, Askese und sittliches Handeln.

Durga
Die weibliche Komponente von **Shiva**. Zentrale Muttergottheit. Sie tötete einst den schrecklichen Dämon **Mahisa**, als er

die Gestalt eines Büffels angenommen hatte.

Dyochen
Gemeindehaus eines Stadtteils. Aufbewahrungsort für Götterbilder.

Ekanta-Kumari
Ekanta bedeutet ›allein‹, ›isoliert‹. Die bedeutendste der drei in **Bhaktapur** in Erscheinung tretenden **Kumaris**. Einstige Familiengöttin der Könige von Bhaktapur. Sie spielt eine entscheidende Rolle während des **Durga Puja**.

Ganesh
Als Sohn des **Shiva** und der **Parvati** gilt er in der Gestalt eines elefantenköpfigen Gottes als der Überwinder aller Hindernisse. Einer der Lieblingsgötter aller Nepali.

Garuda
Menschenähnlicher Vogel, der als ständiger Begleiter **Vishnus** gilt und ihm als Reittier und Bote zur Verfügung steht.

Gaurisankar
(tibetisch: **Tseringma**). Die ›Große Göttliche Mutter‹ der tibetischen, nepalischen und indischen Völker. Berg im Himalaya, 7145 Meter hoch.

Ghat
Treppenanlage am Wasser. Ritueller Badeplatz an einem Fluß.

Gulu Lama
Gründer und erster Abt (1923) des Klosters **Tengpoche**.

Gurkha
Abkömmlinge von **Brahmanen** und **Kshatriyas**, Angehörigen der beiden obersten Kasten, die um 1300 aus Nordwestindien vor den anstürmenden Mohammedanern nach Nepal flohen. 1559 eroberten sie die kleine Stadt Gurkha, 80 km von **Kathmandu** entfernt. Damit war die Linie der Shah, des Königshauses von Gurkha begründet, dessen direkter Nachfolger der heutige Herrscher Nepals ist.
Zwei Jahrhunderte später fühlten sich die Könige von Gurkha stark genug, das Kathmandutal zu erobern. 1768/69 besiegte **Prithvi Narayan Shah** die **Malla**könige.

Gurung
Altnepalischer Volksstamm, der an den Südhängen der Annapurna-Himal-Bergkette siedelt. Bekannte Schafzüchter und berühmt wegen ihrer Tanztradition.

Guthi
Kastenbezogene Organisationen der **Newar**, die private Dienstleistungen übernehmen wie z. B. die richtige Abfolge der so überaus wichtigen Totenzeremonien, die Pflege von Tempeln, die Ausstattung von religiösen Festen oder die Instandhaltung von Gemeinschaftseinrichtungen. Die Mitglieder entrichten Beiträge in Form von Lebensmitteln, Vergabe von Landnutzungsrechten oder auch Bargeld. Jeder Newar ist zumindest Mitglied einer Sterbeguthi.

Hanuman
Ein Affengott. Gilt als Inkarnation **Shivas**.

Hanumanghat
Wichtigster ritueller Badeplatz in **Bhaktapur**. Gleichzeitig Verbrennungsplatz für Bewohner aus dem gesamten Stadtbereich, die hier in den am heiligen Wasser gelegenen Sterbehäusern den Tod fanden.

Hara Sing Deva
Ein König aus Ayodhya, Nordindien, der 1323 seine Familiengöttin **Taleju Bhavani** nach Bhaktapur brachte, wo sie bald zur regierenden Göttin wurde.

Hawbaha-Kumari
Bezeichnung für die bedeutende Kumari von **Patan**. Sie spielt auch heute noch eine wichtige Rolle im religiösen Leben der Stadtbewohner. Sie tritt besonders in Erscheinung beim Fest des Roten **Machhendranath**, dem größten Stadtfest von Patan.

Hinduismus
Im Unterschied zu anderen Religionen hat der Hinduismus keinen Stifter und keine allgemeinverbindliche Dogmatik; er ist die »ewige Religion«. So werden die Hindus nicht durch ein gemeinsames Bekenntnis geeint, sondern können Polytheisten, Monotheisten oder Atheisten sein. Entscheidend ist die Zugehörigkeit zu einer Kaste, in die man hineingeboren wird, verbindlich der Glaube an die Seelenwanderung und das **Karma**, d. h. der Glaube, daß die Taten des Individuums seine Reinkarnation bestimmen. Ein Ende findet die Seelenwanderung nur dann, wenn eine in zahlreichen tierischen, menschlichen, höllischen und himmlischen Existenzen geläuterte Seele die Erlösung erreicht. Die obersten Götter sind **Brahma**, der Weltschöpfer, **Vishnu**, der Welterhalter und **Shiva**, der Weltzerstörer, mit ihren Frauen **Sarasvati, Lakshmi** und **Durga.**

Indra
Höchster Gott der Vedischen Religion. Ursprünglich wohl Gewittergott, dann ›König der Götter‹, Herr der Krieger.

Jatra
Eine Prozession mit Götterstatue. Das Bild des Gottes wird dabei entweder in pagodenförmigen Sänften getragen oder in großen Tempelwagen gefahren.

Kapilavastu
Sitz des einstigen Adelsgeschlechtes der **Sakya** an den Abhängen des nepalischen Himalaya. Aus diesem Geschlecht stammt Gautama Buddha.

Karma
Zentrallehre des **Hinduismus, Buddhismus** und **Dschainismus**, nach der das gute oder schlechte Handeln eines Menschen für die Wiedergeburt nach dem Tod bestimmend wird.

Kathmandu
Hauptstadt von Nepal und Sitz des nepalischen Königs. Die Stadt an der **Bagmati** hat heute ca. 155 000 Einwohner. Nahe dem alten Königspalast befindet sich der Palast der königlichen **Kumari**. Die zahlreichen Klöster und Tempel der Stadt stammen überwiegend aus dem 18. Jahrhundert. Kathmandu, ein Zentrum des Kunsthandwerks und des Handels, besitzt einen Flughafen. 1482–1769 unabhängiges Stadtkönigreich.

Khampa
Menschen aus Kham. Bezeichnung für ›unechte‹ **Sherpa**. Name der 1533 eingewanderten Stammväter der Sherpa.

Khumbu
Region südlich des Mount Everest. Einst das Durchzugsgebiet der nach Nepal einwandernden **Sherpa**. Neben Solu das bedeutendste Siedlungsgebiet der Sherpa.

Kilagar-Kumari
Lebende Göttin aus der Jyapu-, der Bauernkaste. Sie residiert im Stadtteil Kilagar von **Kathmandu**. Sie wird von Buddhisten und Hindus verehrt. Der König schenkt ihr regelmäßig eine Reihe von Kleidungsstücken.

Kirtipur
Eine der ältesten Siedlungen im Tal. Das Dorf liegt 7 km südwestlich von **Kathmandu** und ist nur zu Fuß zu erreichen. Beim großen Erdbeben 1934 wurden verschiedene Tempel und der Königspalast schwer beschädigt. Der Ort ist das Zentrum der Wollweberei und heute sehr verarmt.

Kshatriya
Die ehemalige Kaste der Krieger. Auf der Flucht vor den Mohammedanern im 12. und 13. Jahrhundert zusammen mit den **Brahmanen** aus Indien kommend in Nepal eingewandert. Kshatriya und Brahmanen sind die beiden höchsten indischen Kasten.

Kumari
Inkarnation der Göttin **Taleju**. Als jungfräuliches Mädchen genießt sie die höchste Verehrung. Schutzgöttin der **Malla**könige. Beschützerin des Kathmandutals. Zur Zeit gibt es im Tal acht lebende Göttinnen. In einem strengen und geheimen Verfahren wird die Kumari von Priestern gewählt und

bleibt bis zu ihrer ersten Blutung in ihrem göttlichen Amt.

Kuvera
Gilt bei den **Sherpa** als der Gott des Reichtums. Bewohnt den Gipfel des Kanchenjunga. Tritt während des **Mani Rimdu**-Festes auf.

Lakshmi
Frau von **Vishnu**. Sie gilt als Göttin des Glücks, der Schönheit und des Lichtes.

Lama
1. Der vornehmste Clan der **Sherpa.**
2. Laienpriester der Sherpa.
3. Klosterinsasse.

Lamaismus
Die vor allem in Tibet und der Mongolei herrschende Form des Buddhismus. Etwa im 7. Jh. begründet durch buddh. Mönche, die unter dem Druck des sich ausbreitenden Islam nach Tibet kamen. Hier fand die Verschmelzung mit der einheimischen **Bon**-Religion statt. Seit dem 15. Jh. reformiert. Es gibt unverheiratete Mönche (»Gelbmützen«) und verheiratete (»Rotmützen«). Religiösen Mittelpunkt bildete die Klosterfestung Lhasa. Oberhaupt des hierarchisch geordneten Priesterstaates ist der **Dalai Lama** (weltliches Oberhaupt) und der Pantschen Lama (geistliches Oberhaupt). Sukzession beider durch Inkarnation in Knaben, die in der Sterbestunde des weltlichen bzw. geistlichen Oberhauptes geboren werden.

Lha-Mo
Schutzgott des **Dalai Lama**. Tritt beim **Mani Rimdu**-Tanzfest auf.

Limbu
Altnepalischer Volksstamm, der im Osten Nepals bis zu den Grenzen nach Sikkim angesiedelt ist.

Lingam
1. Im **Hinduismus** das Phallussymbol **Shivas**.
2. Im Kult der **Sherpa** eine weibliche Figur aus Teig, die bei verschiedenen Festen stellvertretend für Menschenopfer dargebracht wird.

Machhendranath
Bedeutende buddhistische Gottheit in Nepal. Gott des Regens und der Fruchtbarkeit.

Magar
Das Hauptsiedlungsgebiet dieses altnepalischen Voksstammes liegt südwestlich des 8222 Meter hohen Dhaulagiri. Ein anderer Teil des Stammes wohnt in Ostnepal. Die Magar sind Gebirgsbauern und Handwerker.

Mahayana
(sanskr.: großes Fahrzeug) Die spätere Form des **Buddhismus** vor allem in Nordindien, Nepal, Vietnam, China, Korea und Japan. Daher auch nördlicher Buddhismus genannt.

Mahisa
Ein mächtiger Dämon, der einst die Götter aus dem Himmel vertrieb. Erst der zehnarmigen **Durga** gelang es, den Dämon, der die Gestalt eines Büffels angenommen hatte, zu töten, indem sie ihm mit dem Schwert den Kopf abschlug.

Malla
Bedeutet soviel wie ›Ringer‹ und ist von 1200 bis 1769 der Beiname für die nepalischen Könige.

Mandala
Meditationsbild, das meist aus einem magischen Kreis besteht, der ein Quadrat umschließt. Dieses Quadrat wird ›Palast‹ genannt, zu dem vier Tore Zugang verschaffen. Der mit mystischen Figuren versehene symbolische Inhalt eines Mandala-Schaubildes muß durch Meditation erfahren werden.

Mangalpura
Dorf im Norden des Kathmandutals. Beherbergt eine der vier figürlichen Darstellungen der **Bal Kumari** im Tal.

Mani
Gebetsmühle der **Sherpa**, die von Hand, vom Wind oder durch Wasser gedreht wird. Und: Künstlich errichtete Mauer aus Steinen, in die Gebete eingeritzt sind.

Mani Rimdu
Buddhistisches Tanzdrama. Wird jährlich einmal in den Klöstern des **Khumbu**gebietes von Mönchen aufgeführt. Es symbolisiert den Sieg des **Buddhismus** über die **Bon**-Religion. Durch beschwörende Gesten und Gebete werden die bösen Mächte, Dämonen und Geister für ein Jahr gebannt. Das dreitägige Fest findet in den Tagen um den Novembervollmond statt.

Math
Lehrgebäude des **Hinduismus**. Schönstes Beispiel ist das **Pujaharimath** in **Bhaktapur**.

Mgon-Po
Eine der größten Verteidiger-Gottheiten des buddhistischen Glaubens. Tritt alljährlich während des **Mani Rimdu**-Tanzfestes auf.

Mudra
Handstellung bei religiösen Zeremonien.

Muluki Ain
Entspricht unserem bürgerlichen Gesetzbuch. Die heutige Fassung stammt aus dem Jahre 1963.

Myati
Kleines Dorf im Westen des Kathmandutals. Sitz einer der vier **Bal Kumaris**.

Nagadesh
Nachbardorf von **Thimi**. Von hier kommt alljährlich zum **Bal Kumari**-Fest der elefantenköpfige Gott **Ganesh** mit großem Gefolge nach Thimi.

Nala
Kleine Ortschaft außerhalb des Kathmandutals. In seiner Nähe liegt der heilige Wald, in dem jedes Jahr zum **Indra** und **Kumari** Jatra **Shivas Lingam** gefällt wird.

Namche Bazar
Hauptstadt der **Sherpa** in der Region **Khumbu**. Bis zur Besetzung Tibets durch die Chinesen Hauptumschlagplatz für Waren aus Tibet und Indien. Der Ort liegt 3500 Meter hoch; berühmter Samstagsmarkt.

Nangpa La
Bedeutender Paß zwischen Nepal und Tibet, 5716 Meter hoch. Über ihn wanderten 1533 die **Khampa**, die Stammväter der **Sherpa**, nach Nepal ein.

Nava Durga
›Neun Durgas‹. Muttergottheiten und Beschützer der Stadt **Bhaktapur** in ihrem Innern. Sie spielen eine wichtige Rolle im gesamten Stadtritual und treten besonders während des **Durga Puja** in Erscheinung.

Newar
Tibetobirmanischer Stamm. Frühe, wenn nicht sogar die ersten Siedler des Kathmandutals. Von Anfang an sind sie die Hauptkulturträger des Landes.

Nirwana
Völlige selige Ruhe als erhoffter Endzustand des gläubigen Buddhisten (Freisein von der Wiedergeburt).

Nyatapola
Höchste und schönste Pagode in Nepal. Sie steht in **Bhaktapur** und hat als einzige Pagode im Land fünf überdachte Stockwerke. Die Pagode wurde 1703 von König **Bhupatindra Malla** fertiggestellt. Er weihte sie seiner Familiengöttin, deren Namen er streng geheimhielt. Das schwere Erdbeben von 1934 hat die Pagode unversehrt überstanden.

Padmasambhava
Der ›Lotosgeborene‹. Lebte um 750 n. Chr. und vereinigte in Tibet die Glaubenswelt der alten **Bon**-Religion mit den abstrakten Ideen des **Buddhismus**. Begründer des **Lamaismus**. Wird von den **Sherpa** als Gott verehrt.

Pagode
Tempel im ›nepalischen Stil‹. Mehrgeschossiger, turmartiger Schreintempel mit bis zu fünf übereinandergeschichteten Dächern. Wohnsitz hinduistischer oder auch hindubuddhistischer, nie aber nur buddhistischer Gottheiten, deren Bild in der Regel im unteren Geschoß aufbewahrt wird.

Parvati
Die liebliche Gemahlin des Hindugottes **Shiva**. Unter dem Namen **Tseringma** ist sie die bedeutendste Berggöttin der **Sherpa** und Tibeter.

Pashupathi
Anderer Name für **Shiva** in der Gestalt einer Gazelle. Unter dieser Bezeichnung ist er der Herrscher der Tiere.

Pashupatinath
Bedeutendstes Hinduheiligtum in Nepal. Es ist **Shiva** geweiht und nur für Hindu zugänglich.

Patan
Zweitgrößte Stadt Nepals. Vermutlich im Jahre 229 gegründet. Die Stadt besitzt zahlreiche Tempel, Klöster und einen Königspalast. Patan ist das Zentrum des Kunsthandwerks, vor allem der Metallarbeiten. Von 1620–1768 war Patan ein unabhängiges Stadtkönigreich.

Pitha
Jede Stadt im Kathmandutal wird von je acht Pithas umgeben, die die Stadt von außen beschützen. Pithas sind Opferstätten, die der Göttin **Durga** gweiht sind. Ein unbearbeiteter Stein repräsentiert die Göttin.

Prasad
Gegengabe des Gottes, dem eine **Puja** ausgerichtet wurde, an den Gläubigen in Form von geweihten Nahrungsmitteln.

Prithvi Narayan Shah
Prinz aus **Gurkha**, der in den Jahren 1768/69 das Kathmandutal eroberte. Er war der erste Herrscher der **Shah**dynastie und gilt als Begründer des modernen Nepal.

Puja
Jeder einer Gottheit geweihte Opferritus.

Pujaharimath
Ehemaliges Kloster in **Bhaktapur**. Gegründet 1486. Zwischen 1700 bis 1760 von den **Malla**königen mit prächtigen Holzschnitzereien versehen. Das Kloster wurde 1934 durch ein Erdbeben stark beschädigt. 1971/72 durch die Bundesrepublik Deutschland total renoviert. Krönungsgeschenk der Bundesrepublik für König Birendra Bir Bikram Shah Deva.

Rai
Volk im mittleren und niederen Bergland von Ostnepal. Unmittelbar den **Sherpa** benachbart.

Rana
Name der in der Zeit von 1846 bis 1951 in Nepal herrschenden Fürstenfamilie. Der König hatte in diesen 104 Jahren der Ranaherrschaft nur noch eine religiös-zeremonielle Bedeutung.

Rongphu
Tibetisches Kloster am Nordhang des Mount Everest. Jahrhundertelang Ausgangspunkt aller missionarischen Bestrebungen im nepalischen **Sherpa**gebiet. Seit 1958 vermutlich verlassen.

Sadhu
Heiliger Mann. Asket des **Hinduismus**.

Sarasvati
Sie ist die Frau von **Brahma** und gilt als Göttin der Gelehrsamkeit.

Shah
Seit der Eroberung des Kathmandutales 1768/69 durch den **Gurkha**prinzen **Prithvi Narayan Shah** stammen die nepalischen Könige aus der Dynastie der Shah.

Shakti
Die weibliche Entsprechung eines Gottes. Die in der Umarmung eines Gottes dargestellte weibliche Gottheit wird Shakti genannt. Das weibliche Prinzip der Kraft, das sich in zorniger wie auch in friedlicher Form beispielsweise in der Göttin **Durga** manifestiert.

Sakya
Kaste der buddhistischen Oberschicht. Ihre traditionellen Berufe sind die der Priester und Goldschmiede. Im nepalischen Kastenwesen nimmt die hinduistische Priesterkaste **Brahman** den obersten Rang ein. Ihr Anteil an der Gesamtbevölkerung im Kathmandutal beträgt etwa ein Prozent, das der Sakyakaste ungefähr zehn Prozent.

Shangri La
Fiktives Traumland der Sehnsucht im Himalaya. Ein Ort der Ruhe, der Glückseligkeit und des inneren Friedens.

Sherpa
Der Name bedeutet: Volk aus dem Osten. Die Sippe der **Khampa** wanderte um 1533 aus dem östlichen Tibet in Nepal ein. Die Khampa gelten als Stammväter der Sherpa, die in Nepal heut in den Regionen Solu und Khumbu angesiedelt sind.

Shiva
»Der Gnädige«. Einer der drei bedeutendsten Götter im **Hinduismus**. Gilt als der ›Weltenzerstörer‹. Wird häufig in seiner phallischen Form als **Lingam** verehrt.

Stupa
Buddhistischer Reliquienschrein.

Taleju Bhavani
Familiengöttin der Stadtkönige im Kathmandutal. In ihrer lebenden Form wird sie als **Kumari** verehrt.

Tantrismus
Eine um 500 n. Chr. hervorgetretene Bewegung, nach deren Lehre alles im Weltall in mystischer Verbindung zueinander steht. Sein Ritual gibt Anweisungen über Weihehandlungen, Meditationen, Zaubersprüche, erotische Praktiken und Blutopfer. Der Tantrismus wirkt sich im **Hinduismus** und im **Mahajana-**Buddhismus aus.

Tashi
Altes **Newar**dorf im Süden des Kathmandutals. Von hier stammt das heute in **Thimi** beheimatete Bildnis der **Bal Kumari**. Von den vier im Tal vorkommenden Bal Kumaris hat diejenige von Thimi den schönsten und bedeutendsten Tempel.

Taumadhi
Wichtigster Platz der Unterstadt von **Bhaktapur**. Hier stehen der Tempel des Gottes **Bhairab** und die **Nyatapola**pagode. Beide Heiligtümer zählen zu den bedeutendsten und schönsten der Stadt.

Tebuk-Kumari
Ein Stadtbezirk in **Bhaktapur** und Name für eine der drei in dieser Stadt auftretenden **Kumaris**. Tritt öffentlich nur an einem Tag des **Durga Puja** in Erscheinung. Sie wird in erster Linie von der Bevölkerung der Stadt Bhaktapur verehrt.

Tengpoche
1923 gegründetes lamaistisches Kloster, in dessen Innenhof einmal jährlich um den Novembervollmond von den Mönchen das Tanzdrama **Mani Rimdu** gefeiert wird. In 4000 Meter Höhe, mit Blick auf den Mount Everest, Lhotse, Nuptse und **Amai Dablang**, liegt es auf einem der schönsten Plätze der Erde.

Terai
(= sumpfiges Land). Im Süden des Königreiches gelegene Tiefebene. Nepals (durchschnittlich 35 km breiter) Anteil an der nördlichen Gangesebene.

Thakali
Tibetischer Volksstamm, dessen Hauptsiedlungsgebiet der Oberlauf des Kali Gandaki-Flusses ist.

Thamang
Altnepalischer Volksstamm. Siedelt in den nordöstlich an das Kathmandutal angrenzenden Gebieten.

Thangka
Auf Leinen gemalte und mit bunten Borten

eingefaßte Rollbilder. Die in ihrem Ursprung aus Tibet stammenden dekorativen Gemälde mit zumeist religiösem Inhalt werden heute auch von den Malern der **Newar** überaus kunstvoll angefertigt.

Tharu
Altnepalischer Volksstamm im **Terai**.

Thimi
Zwischen **Kathmandu** und **Bhaktapur** gelegenes kleines **Newar**töpferdorf. Bekannt auch wegen seiner Maskenmaler. Im Zentrum des Dorfes befindet sich einer der vier bedeutenden Tempel der **Bal Kumari**.

Tika
Altes Symbol des Sieges. Aus Paste wird ein Punkt auf die Stirn am Haaransatz, wo das dritte Auge der Weisheit seinen Sitz haben soll, gedrückt. Das Gemenge besteht aus Joghurt, Farbpulver und Reispuder.

Tribhuvan
König aus der **Shah**dynastie, der 1951 der Herrschaft der **Rana**, die von 1846 bis 1951 währte, ein Ende bereitete.

Tripasa
Altes königliches Würfelbrettspiel. Es wurde der Legende nach gerne von den Königen mit ihrer Familiengöttin **Taleju** gespielt. Siehe auch: die legendäre Entstehungsgeschichte des **Kumari**kultes.

Tseringma
Tibetischer Name für den 7145 Meter hohen **Gaurisankar.** Der Gipfel gilt als oberste Berggöttin der **Sherpa** und Tibeter.

Tsongkapa
Tibetischer Reformator, Gründer der reformierten Kirche der ›Gelbmützen‹. Lebte von 1357 bis 1419 n. Chr. Seine Nachfolger tragen den Titel **Dalai Lama**.

Vishnu
Einer der höchsten Götter im **Hinduismus**. Er stellt die Verkörperung des Prinzips der Welterhaltung dar. Er erscheint in Tier- und Menschengestalt, um die Menschen vor Unheil zu bewahren.

Wala Lakhu-Kumari
Wala Lakhu bezeichnet einen Bezirk in **Bhaktapur**. Eine der drei in dieser Stadt auftretenden **Kumaris**. Während des **Durga Puja** wird sie vom Vater durch die Stadt getragen und von der Bevölkerung verehrt.

Yaksha Malla 1429–1482
Letzter Herrscher über das bis dahin noch ungeteilte Kathmandutal. Bis zu seinem Tode gab es nur **Bhaktapur** als Stadtkönigreich.

Yoni
Das Symbol des weiblichen Geschlechts.

Bibliographie

Allen, Michael: *The Cult of Kumari.* Kathmandu 1975

Anderson, Marry: *The Festivals of Nepal.* London 1971

Auer-Gutschow: *Bhaktapur – Gestalt, Funktion und religiöse Symbolik einer nepalesischen Stadt im vorindustriellen Entwicklungsstadium.* Darmstadt 1974.

Donner, Wolf: *Nepal-Raum, Mensch und Wirtschaft.* Wiesbaden 1972

Fantin, Mario: *Mani Rimdu Nepal.* Bologna 1976

Fürer-Haimendorf: *The Sherpas of Nepal.* London 1963

Funke, Friedrich W.: *Die Sherpa und ihre Nachbarvölker im Himalaya.* Frankfurt 1978

Gruber, Ulrich F.: *Pagoden, Yaks und Lamaklöster.* Berlin 1970

Gutschow, Niels: *Stadtraum und Ritual der newarischen Städte im Kathmandu-Tal. Eine architekturanthropologische Untersuchung.* Stuttgart, Berlin, Köln, Mainz 1982

Hagen, Toni: *Nepal – Königreich im Himalaya. 2. Auflage.* Bern 1971

Lobsiger-Dellenbach: *Recherche ethnologique au Nepal (Valleé de Kathmandou).* Genf 1955

Nepali, Gopal Singh: *The Newars.* Bombay 1965

Oldfield, H. und M.: *Views of Nepal 1851–1864.* Kathmandu 1975

Oppitz, M.: *Geschichte und Sozialordnung der Sherpa. (Band I der 6bändigen Monographie: »Beiträge zur Sherpa Forschung«).* Innsbruck 1969

Seemann, Heinrich: *Nepal 2029. Gestern noch verbotenes Land.* Stuttgart 1973

Stürzbecher, Kurt: *Bhaktapur. Architektur und Stadtentwicklung im Kathmandutal.* Heidelberg 1979

Waldschmidt, Ernst: *Nepal – Kunst aus dem Königreich im Himalaya.* Essen 1967

Wiesner, Ulrich: *Nepal – Königreich im Himalaya. Geschichte, Kunst und Kultur im Kathmandu-Tal.* Köln 1976

Danksagung

Unser ganz besonderer Dank gilt Annemarie H. Spahr, Kathmandu.

Während vieler Monate stand sie uns bei unseren Aufenthalten in Nepal unermüdlich mit Rat und Tat zur Seite. Viele der Informationen, die in diesem Buch wiedergegeben sind, verdanken wir ihr.

Nicht weniger herzlich bedanken möchten wir uns bei:

Dr. Kurt und Margot Stürzbecher, Bhaktapur/Heidelberg;
Krishna Prasad Shresta, Bhaktapur;
Dr. Ulrich Gruber, München;
Dr. Kurt Hoffman, München;
Hare Ram, Kathmandu;
Bahadur Burathoki, Kathmandu;
Prof. Christoph von Fürer-Haimendorf, London;
Dr. Shashi Malla, München;
Dr. Michael Witzel, Amsterdam;
Wendy und Michael Deman, London;
Prof. Oskar von Hinüber, Kathmandu;
Nepal Research Center, Kathmandu;
Jens Uwe Hartmann, München;
Dr. Adalbert J. Gail, Berlin;
Dr. Walter Raunig, München;
Dor Bahadur Bista, Kathmandu;
Fritz Baumann, München;
Harald Rumpold, München;
Der Tribhuvan-Universität, Kathmandu;
Den dreißig Sherpaträgerinnen, Namche Bazar;
Heiner Koch.